思春期のトリセツ

黒川伊保子
Kurokawa Ihoko

小学館新書

思春期のトリセツ　目次

はじめに　「思春期」は子育ての最終決戦

脳を電気系回路装置として見立てる。

人間関係を、その装置のネットワークシステムと捉える。

そうやって、ヒトの感性＝とっさにしてしまうことの正体を探るのが、私の研究スタンスである。私自身がブレイン・サイバネティクスと名付けた、脳科学の新領域である。

私の最初の発見は、男女の脳が「とっさにしてしまうこと」が正反対である、という原理だった。

ヒトの脳は、ペアを形成したとき、「とっさに異なる回路を起動して、互いに支え合う」ように設計されている。その上、男女の脳は、ペアを形成しやすいように、生まれつき「とっさに選ぶ回路」が正反対になるよう初期設定されている。さらに、「徹底的に正反対の相手」に惚れるように創られてもいる。

つまり、世界中の夫婦が、とっさに違うものを見、違う考え方をすることになっているのだ。だから、ふたりはすれ違う。

「妻という装置」「夫という装置」「夫婦というネットワークシステム」を理解すれば、あら不思議、あんなに不可思議だったパートナーの言動が理にかなっていることを知り、腹立たしさが愛しさに変わる。

——ということに、30年ほど前に気づいたのである。

やがて、男女のみならず親子、上司・部下、友人、顧客との付き合いにも、このものの見方が有効であることを知る。


さらに、40年近く脳を見つめてきて、痛感していることがある。

脳は無駄なことを一切しない、ということ。

不可解だと思う言動には、必ず理由がある。その理由を知れば、相手への理解が生まれ、無駄ないら立ちを未然に防ぐことができる。

というわけで、私のトリセツシリーズは、いずれも、「不可解な相手」の脳の中で起こっていることを知り、その脳とうまく付き合うためのガイドである。


そのトリセツシリーズに、今、新たな一冊を加えようとしている。

挑戦するのは、思春期の脳。

親からすれば、思春期の子どもこそ、究極の「不可解な相手」ではないだろうか。


この本では、「最近、めっきり扱いにくくなってきた」と感じる13〜15歳の脳の中で起こっていることを、脳の機能から推測してみようと思う。

私は発達心理学の専門家ではないので、臨床例から丁寧にひも解くようなことはしない。ただただ大胆に、脳を装置として見立て、「ごく一般的な思春期の脳」に起こる「あるある」で話を進めていく。

実際の現場（家庭、学校）では、こんな一般論でまとめられないことは、きっと山ほど起こっているに違いない。たとえば、思春期問題の過激なケース＝不登校や家庭内暴力、非行・犯罪。実は、これらは、「思春期の脳だけが引き起こした」とは言いにくい。

過激な思春期問題は、「思春期の脳の機能性」だけで起こるとは思えない。生育環境の偏りや、発達障害とのシンクロによって、多くの思春期問題が誘発されているはずである。周囲がそうと気づかない、軽度の発達障害は意外に多いので（かくいう私もアスペルガー）、「思春期問題の激しいヤツ」だと思っていたら、発達障害の問題だったということもあるはず。

この本では、あえて、この複合原因による過激な思春期問題については扱わない。脳にあらかじめ用意されている基本機能によって、誰にでも訪れる「難しさ」に言及していく。「いい子」が、うっすらと扱いにくくなる。うっすらだから、逆に心の距離を縮められない。子どものメンタルが不安定なまま、大人になるのが心配。親子の関係が崩壊したまま、子どもが独立していくのが怖い……そんなご家庭にこそ、お届けしたい。

脳の構造から察するに、こういう水面下の静かな思春期問題のほうが、後々の親子関係に、冷たいミゾを作りやすいものだから。

一言で述べるなら、思春期は、子ども脳から、大人脳への移行期である。

12歳までは子ども脳、15歳からはおとな脳。13～15歳の間の3年間は、脳の移行期に当たる。ハードウェアとソフトウェアのバージョンが合わない、いわばポンコツ装置なのである。一生で一番、そう、新生児の脳より、ずっと不安定で制御不能なのだ。

そのポンコツで、受験や初恋（二次性徴期のホルモン変化に伴う制御不能な発情）など、多くの山谷を乗り越えていかなければならない。しかも、脳の不整合により、うまくことばが紡げない。身体も急激に変わっていくので、バランスがとりにくく、競技選手なら、いったんスランプを迎えもする。思春期の脳は、まさにクライシス。深い同情に値する。

しかも、この移行期の最後に大人脳が完成してしまうので、案外時間がない。親が、今までと違う子どもの言動に、いちいち動揺したり、からんだりしている暇はないのである。また、15歳でフィックスした大人脳を一生使っていくと考えれば、ここで親子関係に亀裂が入ってしまうと、それが一生モノになってしまう可能性も高い。

まさに「取扱い要注意」の難しい時期に、人生の命運がかかっている——マニュアルなしには、難しすぎない？

というわけで、本書『思春期のトリセツ』の登場である。

この本は、思春期のお子さんを持つ親御さんや子育て支援者に向けて書くトーンになると思うけれど、実は、思春期真っただ中の若い方にも読んでもらいたい。自分の脳に、何が起こっているのか、知っておくのは、なかなかエキサイティングなことだからだ。

あるいは、小さなお子さんを持つ方にも、ぜひ。思春期に露呈する、いくつかの親子関係の歪みは、幼少期から始まっていたりする。思春期の脳の様子を知っておくと、「振り返っての今」を有効に過ごせると思うから。

そして、はるか昔に思春期を終えた方にも。「あのとき」、自分を襲ったクライシスが何だったのか知るのも、なかなか乙なものである。

思春期は、言い方を替えれば、「親と子が、互いを敬愛し合える親友になる」ために用意された、子育ての最終イベントである。ゲームの最後に登場するボスキャラが手強いように、思春期もなかなか手強い。

新生児に3時間おきの授乳をしつつ（親たちは続けて2時間と寝られない）、親たちは子育て戦士になった。その最終決戦である。
愛する子どものために、果敢に立ち上がり、賢く立ち回ろうじゃありませんか。

第1章

一分でも早く伝えたいこと
「主語なしNO」からの脱却

思春期の脳の構造について解説する前に、大事なことをひとつ、お伝えしておきたい。思春期のお子さんをお持ちの方に、一分でも早く、このことを知ってほしいから。

それは、「主語なしNO」のこと。大切な人に「主語なしNO」を言ってはいけない。特に、思春期の子どもには、禁忌である。ついでに言えば、部下と倦怠期のパートナーにも言ってはいけない。

日本語は「主語なしNO」を言いやすい

「無理」「ダメに決まってるでしょ」「何言ってんの」「バカなこと言ってないで、宿題しなさい」——そんなセリフに覚えがないだろうか。主語をつけない全否定である。

よく子どもに言っている、あるいは、自分が親から言われたことがある。そんな日本人は多いと思う。

日本語は、日常会話の大半に、主語をつけない。英語の「I think（私は思う）」や「I wonder（私は案ずる）」に当たる部分がたいていは省略される。相手を否定するときも、いきなり「無理」「ダメ」を突きつける人は多い。特に、親が子に、上司が部下に。

主語がないから、相手の脳の中では、暗黙の主語がつく。「世間」あるいは「ふつう」である。

相手には、「ふつう、無理でしょ」「ふつう、ダメだよね」というふうに聞こえる。つまり、世間を笠に着て、上から目線で、全否定してくるように聞こえるのである。

このセリフを言った人が、一秒もこっちの気持ちになって親身に考えてくれてなんかいないのもわかってしまう。

また、いきなりの「ダメ」には、別の主語が付されることがある。「おまえは」である。そう、「おまえはダメなやつだな」と聞こえるわけ。

言ったほうは、「これ（この度のやりかた）」がダメだと言っただけかもしれないが、相手の脳が「おまえは」を補完してしまうのである。

これは、生命の与奪権を握られている脳に、自然に起こる補完だ。ひねくれているわけじゃない、生存本能に基づく反射的な反応である。

「主語なしNO」は未来を奪う

だから、上司は部下に、「主語なしNO」を言ってはいけないのである。

上司にこれを言われたら、部下の脳は、発想力を失う。自己肯定感が低くなってしまうからだ。このため、このセリフを言う上司のもとでは、けっして豊かな発想は生まれない。


20世紀までの企業は、それでよかったのかもしれない。企業が「夢を見る」のはマストじゃなかったから。20世紀メーカーの使命は、一般消費者が見る夢を実現することだった。冷蔵庫、掃除機、洗濯機、電子レンジ、クーラー、そして自動車は、1970年代の日本の家庭には行きわたっていなかった。市井の人々が、それらがある暮らしを夢見る。その夢を、メーカーは追いかければよかったのである。

2022年の日本には、「一般消費者が想像できるもの」がたいてい存在している。メーカーの存在意義は、「市場の見る夢を、はるかに超える夢を見ること」に集約してきている。アメリカの巨大企業は、それをし続けているように見える。アップルしかり、アマゾンしかり。――それって、もしかすると、「主語なしNO」を言わない文化だからなのでは？

ビジネス英会話の例文を見ていると、相手の意向を否定する際の、言いぶりの丁寧さに気づかされる。

言語特性上、必ず主語をつけるし、よく「いいね」受けもする。「斬新なアイデアね。けれど、私には実現可能性が低いように思えるの」「論理的でいいと思う。でも、少しクールすぎないかしら」のように。It'sもつかない、いきなりの「無理」なんて、訳しようもない。

相手の人格を尊重したまま、ことの是非だけを論じる。それが、主語を省略できない英会話の基本スタンスである。こと否定に関しては、英語表現のほうがずっと繊細で、だからこそ言いやすくもある。

「主語なしNO」を、日本の企業から、消さなければならない。若い人たちの発想力を削がないために。

いわんや、家庭の中においてをや、である。上司が部下のそれを削ぐ罪より、親が子どものそれを削ぐ罪のほうが大きい気がする。何より、親子関係が快適でなくなるのが残念である。

理想の親子会話

思い起こせば、40数年前、1970年代半ばのこと。「大草原の小さな家」というアメリカのホームドラマが日本にやってきた。アメリカ開拓時代のある家族の愛しい日常を描いたドラマである。

昔は、アメリカのホームドラマが、テレビのゴールデンタイムに放送されることが多かった。このドラマも、夕飯時にNHKで放映されていたと記憶している。

当時、10代だった私は、このドラマの親子の会話に愕然とした。主人公ローラの両親が、頭ごなしに、子どもを叱らないのである。

シーズン1では、ローラは、10歳になるかならないかの少女だ。好奇心にあふれた勝気な彼女が、問題に巻き込まれたり、傷ついたり、ときには誰かを傷つけたりして、ものがたりは進んでいく。世界中の、あらゆる時代の親子と同様に、ローラの両親も、100％ローラの思い通りにしてやることなんかできない。

さぁ、そんなとき、ローラの両親は、共感で受けて、親の気持ちや意見を伝えるのである。たとえば、「あなたのファイトは買うわ。でも、母さんは心配なの」「きみの気持ちはわかる。だけど、父さんには別のアイデアがあるんだ。聞いてくれないか」のように。

昭和50年代の日本である。こんな口を利く親は、少なくとも私の周囲にはいなかった。漫画の中にも、小説の中にも登場しなかった。だから、私は、愕然としたのである。

もちろん、アメリカにだって、聞く耳を持たない親はいる。せっかくの英語話法を乗り越えて、あからさまなNOを言うガサツな大人は、「大草原の小さな家」にだって登場する。とはいえ、最後はぎゃふんと言わされる役回りである。アメリカ人（少なくともこのドラマにかかわった人たち）がそうありたい（そうあってほしい）と思っている親の姿は、きっと、ローラの親たちのほうなのだろう。

目の上のたんこぶか、人生の師か

この話法は、秀逸だ。

頭ごなしの否定と、共感受けからの主語つき否定。どちらも、娘のしようとすることに反対しているにもかかわらず、親子関係は180度違ってしまうことに、お気づきだろうか。

娘の選択を、「そりゃ、ダメだろう。無理に決まってる」と阻止する親は、娘にとって目の上のたんこぶになってしまう。思春期に何度かそれをしてしまったら、「人生の選択に、いちいち口を出してくる、厄介な敵」として位置づけられる。大人になって、はるか年月が経ったのちにも、何かあった時には、親の顔を思い浮かべては、「あ〜あ。父さん（母さん）になんて言われるだろう。やだなぁ」と思うことになる。困難にぶち当たっても、親には相談できない。せっかく、自分を愛してくれる、人生の先輩なのにもかかわらず。

一方、娘の選択を、「気持ちはわかる」と受け止めたうえで、「もっと別のアイデアもある」と言ってくれる親は、人生の師（メンター）になる。娘自身の人生をより良いものにするために、共に心を痛め、最善策を考えてくれる支援者に位置づけられる。やがて親を失ったのちも、何かあれば、親の愛を思い出せる。

あなたは、どちらになりたいですか？　疎まれる「目の上のたんこぶ」か、愛される「人生の師」か。

あなたは、子どもにどちらを残したいですか？　苦々しい気持ちか、愛か。

誰もがこう尋ねられたら、何の迷いもなく、後者を選ぶに違いない。

では、こう尋ねられたら、どうだろうか。

——あなたは、親にどちらを感じ、どちらを残してもらったのだろう。

きっと、多くの人が、親に一抹の苦々しさを感じ、「目の上のたんこぶ」感を拭えないのではないだろうか。

そう、親である人たちは、子の支援者になり、子に愛を残したいのに、実際には、その逆になっている。あなたの親の世代だって（私はその世代である）、同じように願っているのに。その矛盾を、繰り返してはいけない。

なぜ、親は子に「いきなり否定」をしてしまうのか

実のところ、苦々しさゼロの親子関係というのは、ほぼありえない。

というのも、ある程度のそれは、仕方ないのである。子どもが幼いうちは、「いきなり否定」でしか、子どもの命を守れないからだ。

やっとつかまり立ちした幼子が、手を伸ばして熱い味噌汁に触れそうになったら、「ダメっ」と叫ぶしかない。よちよち歩きの子が、ブランコに乗りたいと泣いても、「無理」と厳しくさえぎるしかない。

どの親たちも、子どもの人生の初めに、数えきれないほどの「ダメ」と「無理」で、子どもを危険から守っているのである。最初は、主語を言う暇もない。今まさに子どもが危険に遭遇しようとしているのに、「気持ちはわかる。でも」なんて言ってる場合じゃないからね。

ところが、多くの親にとって、その癖が、いつの間にか、子どもとの話法の基本形にな

ってしまう。「気持ちはわかる。でも」と言えるシーンでも、それを言おうという発想がない。

そう、親たちは、なんとなく、子どもには、いきなり「ダメ」と言っていいような気がして、年を重ねてしまうのである。下手すれば、80代になっても、50代の子どもにそれをする。

子は、親の「いきなり否定」で、悲しみに出逢う

しかしながら、子どもたちのほうは、着々と自我を成長させ、いつしか、親のいきなりのダメ出しに、悲しい思いをするようになる。

――それがいったい、いつなのか。

脳を見つめてみると、親たちが思っているより、案外早くやってくる。子どもの脳に「思い」が生まれたその瞬間から、「気持ちを汲む」ことばは、親子の絆を作る、重要なキーワードだからだ。

たとえば、3歳の女の子。

下の子が生まれて、母親が忙しくしている。何か手伝ってあげたくて、赤ちゃんの口を拭うガーゼを引き出そうとしたら、洗濯物の山を崩してしまった……そんなとき。

母親にしてみたら、「ただでさえ溢れそうになっているのに、なんてことしてくれるわけ⁉」と頭に血が上って、「ダメ！　触らないで！　なに余計なことしてんのよ！」と叱りつけるわけだけど、幼子に、いたずらのつもりで何かをする子はいない。女の子なら、3歳にもなれば、母親の真似をしたいし、母親の役に立ちたい気が満々なのである。悪意でやったように叱るのは、あまりに酷だ。こんなときこそ、気持ちを汲んで「手伝ってくれようとしたのね。ありがとう」と声をかけてあげれば、母と娘の絆がひとつ、結ばれる。

2歳後半にもなれば、コミュニケーションが得意な女性脳には、もう他者への思いが生まれている。保育園の2歳児クラスでも、女の子たちは、他の子のおむつパンツをかいがいしく替えてやったりしている（自分もおむつパンツはいてるのに（微笑））、ままごと遊びで母親の真似をしたり、人形の面倒をかいがいしく見るのも、他者への思いがある証拠だ。

男の子の思いは、コミュニケーションよりも趣味（車！　電車！）のほうへ走りがちだが、そこにも一途な思いが生まれる。

ミニカーを欲しがる男の子、電車に乗りたがる男の子に、NOと言わざるを得ないにしても、それができないことを一緒に悲しがるくらいのサービスがあってもよいのでは、と私は思う。

私自身は、息子と一緒に悲しんだ。基本、子どもの思うようにしてやれないのが本当に悲しかったけど、ほんの少しだけ演技を足した。あるときなんか、その演技力がすごすぎて本当に涙が出て、息子のほうがドン引きになり、「そこまでじゃないから、いいよ」と背中をさすってもらったこともある。

思いがあるのに、そこに思いがないかのように、いきなり「ダメ」「無理」と言われる。子どもたちの脳は悲しむが、その脳神経信号の意味も知らず、言い返すことばも見つからない。2歳の子どもたちに起こるクライシスだ。

2歳は第一次反抗期と呼ばれるが、反抗なんて濡れ衣もいいとこ。自我の確立の大事な一工程であり、そうとわかっていれば、子どもの脳の一途さを楽しんでもあげられる。ティッシュをどこまでも引き出して遊ぶ姿に、「なんて瑞々《みずみず》しい好奇心なの」と感動することだってできる。

「あ〜、やっちゃった」と思った読者の方、今さら悔やまなくても大丈夫。取り返しなんていつでもつくし、そもそも3歳直前、脳は「記憶の連続」がいったん途切れるので、このときのクライシスは、心の傷にはなりにくい。

問題は、思春期なのである。

悲しみが、苦々しさに変わるとき

悲しみだったものが、やがて、苦々しさに変わる。思春期に、そのピークがやってくる。

だから、間に合うものなら思春期までに、親子の会話を「気持ちを汲む」会話に変えておくべきなのだ。その第一歩が、〝いきなりの「主語なしNO」は、「命の危険が差し迫ったとき」に限定する〟というコミュニケーション・マナーである。

本当のところ、「命の危険」と「そうでもないこと」のボーダーラインは、意外に早くやってくる。

これからするボーダーラインの話、思春期の子を持つ親には、もう過ぎてしまったことだろうけど、知見として聞いてほしい。思春期に爆発する、親への苦々しさが、どこから始まっているかという話だからだ。それに、中学生でも、このアドバイス、案外適応できる。

最初は、命の危険から子どもを守るためだった「ダメ」も、「もうすぐ夕飯なのに、おやつを食べるのなんてダメ！」というあたりから、少し雲行きが変わっている。これは、「命の危険から守るためのガード」というより「よかれと思っての主義主張」である。

もちろん、「食事のたんぱく質やビタミンの代わりに、お菓子の糖質を摂取するのは、長い目で見れば、命取りでしょ！」と言う人もいるだろうから、このあたりの判断はグレーゾーンかもしれない。

しかしながら、「遊び終わったら、おもちゃは片づけなきゃダメ！」は、完全に親の主義主張である。なぜならば、「遊びかけのおもちゃ」は命を脅かさないし、脳の発達から言えば、片付けないことを推奨したぐらいだからだ。

脳の空間認知の領域は、「距離を測る」「数を数える」「構造を見抜く」「演算する」といった理系の能力や、「思い描いた通りに手足を動かす」「新しい機構を思いつく」といったアートやスポーツの能力にもかかわっている。

この領域を鍛えるには、「想像」と「創造」を交互に繰り返すことが重要なのだ。たとえば、何日もかけて、ブロックや積み木で、宇宙ステーションを作る子を想像してみてほしい。彼は、保育園や小学校にいるときも、お風呂に入っているときも、暇さえあれば、自分の部屋に広がる宇宙ステーションを思い浮かべる。で、「帰ったらああしよう、こうしよう」と思いつく。そして、それを遂行してみる。

想像通りにいかなかったら、脳は、全体の世界観を修正する。想像通りにいけば、脳は、その「正しさ」を強める。いずれにせよ、脳はより高みに上がっていくわけだ。というわけで、子どもの理系力や、想像力&創造力を育てようと思ったら、家をモデルルームのようにきれいにしておくことはできないのである。これらの能力と、「お片付けの習慣」は、ある意味バーター（引き換え）なのだもの。

「片付けたくない脳」は、「想像と創造の繰り返し」を望んでいるのかもしれない。「だらしない脳」と断定することはできない。「片付けない脳」を几帳面に叱りたおせば、将来の理系力を奪っている可能性がある。とはいえ、もちろん、片付けさせたほうが、片付け癖は身につく。

理系男子か、清潔男子か

わが家の息子は、何年もかけて、宇宙ステーションを作った。一人っ子なのに、二段ベッドを与えられて、そのうちの一段を思いっきり使うことをゆるされたのである。やがて、ベッドのどちらの段もブロックに占領されて、床もいっぱいになり、自分の部屋では寝られなくなった。

理系力はすくすくと育ち、物理学徒として大学院まで進んだ。自動車設計のエンジニアを経て、私の会社の後継者になってくれたが、その湧き上がる発想力には、ほんと舌を巻く。プライベートでは、日光足尾に森を買い、自分で小屋を建てているのだが、これがなかなかの出来なのである。ウッドデッキ、山小屋……ときて、今は、ゲストハウスを建設中。幼い日に、何年もかけて宇宙ステーションを作ったのと、何ら変わらない人生を過ごしている。小学校のときのように、同じ情熱で一緒に遊んでくれる親友と一緒に。その上、カワイイおよめちゃんと、元気いっぱいの赤ちゃんまで動員して。

料理の能力も、私をはるかに凌駕する。たった今も、キッチンで、一昨日、彼の森で採ってきたわらびとタケノコで山菜おこわを蒸している。

そんなわけで、息子の理系力と、想像力&創造力は群を抜いている。私自身は、息子の出来に何ら文句はないが、夫にはあるらしい。「だらしない」と言うのだ。「覚悟を決めて、ちゃんと片づける」ことはできるのだが、「ちょこっと片づける」が大の苦手で、使ったバスタオルを寝室に置きっぱなし、脱いだパンツをリビングに放りっぱなし、彼の息子のおむつを替えたのはいいけど、おしっこでふくらんだそれを足元に置きっぱなし。

はてさて、一般の方は、わが家の息子を、どう評価するのだろう。そこまでの創造力はなくてもいいから、もう少し片づけ上手なほうがいいという意見が大半では？

私だって、息子の性格のバランスが、ステーキの焼け具合のように選べるのなら（想像力とお片付け力のミディアムで）、そうしたかったかも。けれど、彼自身の脳が、最初からこのタイプだったので、どうしようもなかったのである。

とはいえ、この息子と生きる人生は、めちゃ面白い。

脳には、「できる」ことの裏側に「できない」ことがあって、彼がパンツを脱ぎっぱなしにしなくなったら、美味しい山菜おこわは食べられないに違いない。だったら、パンツを片づけるからいい、と、私とおよめちゃんは思っている。

感性のためには、躾の一部をあきらめなければならない、という真実

脳の癖を伸ばすのか、少し枝を刈ってやるのかは、親が決めればいい。

だから、「お片付けしなさい。片付けなきゃ、ごはん出さないからね！」と叫ぶお母さんを責めるつもりはない。

ただね、子どもに何度言っても、どうしても直らないことは、ゆるしてしまったほうが、その子の長所を活かせる、というのも、脳という装置の真実なのである。

中学生――子どもたちの脳が、個性（感性の回路）を確定していくこの時期に、今一度、

親たちがこのことを腹に落としてほしい。

感性を伸ばそうと思ったら、躾の一部をあきらめなければならない、という真実を。

もちろん、日常生活のルールの多くは譲れない。歯を磨きたくないから、磨かなくていいってことには、けっしてできない。

けど、もしかして、「親がゆるしちゃいけない」と思い込んでいることで、案外ゆるせることって、見つかるかもしれない。

わが家の場合は、「おもちゃは片づけない」と「ふりチン」がゆるされた。パンツが大嫌いな彼は、よく裸のまま、宇宙ステーションを組み立てていた。高校一年生のときには、バイクに乗るのがゆるされた。本やCDをなくしたときは、叱られもせず、同じものを買ってもらえる。そして、夏休みの宿題は、家族で遂行するのが我が家流だ。だって、宿題よりずっとたくさんの「想像と創造」を成し遂げている脳だったから。

世間的には、ふつうダメだけど、わが家ではゆるす。

そんな「ゆるし」を、思春期にさしかかるまでに、いくつか持っておくといいような気がする。「へぇ、おまえんち、そんなことゆるされんの？」と、友だちに羨ましがられるような（呆れられるような、のほうが正解か）何か。

子どもに「うちの親って、世間体を曲げてまで、ぼくの思いを尊重してくれている」と思わせておくのは、悪くない戦略でしょう？

子どもに、いきなりの「ダメ」を言いたくなったら、「そのダメ、本当に命にかかわることなの？」と、いったん考えてみると、ゆるせる何かが見つかるかもしれない。

いずれにせよ、15歳以上の人間には、壊れた吊り橋を渡ろうとでもしない限り、いきなりの主語なしNOは言わないほうがいい。親子が、大人同士として話し合えて、尊敬し合えて、いたわり合える関係を作るために。

まずは、赤ちゃんのときから癖になっている、いきなりの「ダメ」「無理」「馬鹿（なこと言うな）」からの脱却である。

思春期女子の自己肯定感を高めるセリフ

この章を書くために、「大草原の小さな家」を思い出したので、ついでにもう一つ、ローラの母の神対応について、お話ししよう。

ローラが思春期を迎えたときのこと。

ローラには美しい姉がいた。白い透明感のある肌、ふっくらとしたバスト、艶やかな髪……当然、彼女は男の子たちの憧れの的で、ローラが憧れる少年までが姉に心を奪われているように見えた。こうなると、思春期を迎えたローラは、落ち着いてはいられない。顔に白い粉を塗ったり、バストに詰め物をしたりして、偽造工作に出るのである。

それを見た母親が、ローラにこう言うのだ。

「あなたが、あなたでないふりをしていたら、あなただけを愛する人は、どうやって、あなたを見つけたらいいの？」

私は、今も、このセリフを書いていて、泣きそうになる。このセリフが、劣等感でいっぱいだった若き日の私を救ってくれたから。思春期の女の子に、自己肯定感をあげるのに、こんなに完璧なセリフが、他にあるだろうか。

たしかに、誰が見ても美しいという人は、この世にいるけれど、その人が人類の愛を独占しているわけじゃない。

人は「弱点」で恋に落ちる

脳は、異性の秀でた点に惹かれはするが、情が溢れるのは、案外、その人の弱点だったりする。

CGで作ったような完璧バランスの美男美女に、人は、案外心を奪われない。目と目の間が空いていて、それがキュートだとか、唇がぽってりしていて、それがセクシーだとか、「調和の綻《ほころ》び」にどきりとした瞬間、人は恋に落ちる。

それが、ヒトの脳の認知特性だからだ。

動物の脳の基本の感性は、生存のためにある。まずは、不穏なものから身を守るのが脳の第一義である。「調和の綻び」「調和の乱れ」は、「不穏なもの」である可能性もあり、脳は見逃せない。で、つい、心をからめとられてしまうのである。

いわゆるギャップ萌えは、その一環だ。「調和のとれた全体の中の綻び」は、見た目だけじゃなく、行動にもある。クールなイケメンが、一人でレストランに入れないとか、都会派の美女が、ふとしたときに方言が出てしまうとか、タフなキャリアウーマンが、ほろりと涙をこぼすとか。

人間として魅力的であるためには、完璧であることより、綻んでいることのほうがずっと大事だ。

子どもをゆるすことで自分を解放する

この世のすべての子どもたちが、その子特有の綻びがゆるされる家庭で育ってほしい、と私は思う。綻びをゆるすことで、その子の才覚が必ず強化される。そうすれば、その綻びは、魅力に変えられる。

綻びを叱られ続けてストレスを与えると、本来の才覚が弱体化される。たしかに、「そつのない大人」にはなるかもしれないが、綻びは、チャームポイントではなく、劣等感の種になってしまう。

もしも、世間体を気にする親に、「自分特有の綻び」をゆるされずに育ったという読者の方がいたら、自分で、自分の綻びをゆるそう。

それがね、先に子どもの綻びをゆるしてみると、案外、簡単に自分の綻びをゆるせるようになる。ゆるす子育ては、自分を解放する旅でもある。

「あなたが、あなたでないふりをしていたら、あなただけを愛する人は、どうやって、あなたを見つけたらいいの？」

先のローラの母のことばを、あなたへ贈ろう。愛する、を、必要とする、に換えてもいい。

〝甘やかしたらダメになる〟は、昭和の話

甘やかしたら、わがままになるって？　それが、そんなこともないのである。人は、ゆるしてもらうべきところをゆるされると、ストレスがなくなり、おおらかになって、かえって、理不尽な自己主張をしなくなる。

甘やかしたら、社会に出たとき、苦労するって？　いやいや、それが、けっこう大丈夫。

伸びやかに育んだ自己肯定感で、きっとカバーできる。

明治維新から昭和の高度成長期まで、「役に立つ人間」とは、「遅刻せず、勤勉で、礼儀正しい、そつのない大人」だった。言われたことを、的確にこなす機械のような人間が大量に必要だったからだ。

21世紀、「言われたことを的確にこなす機械」＝ＡＩと共に暮らす人類の使命は、社会の歯車になることなんかじゃない。より人間らしく生きて、「思い」をかたちにすることが、人間の仕事になる（ＡＩにできないことだから）。

そう、私たち（20世紀生まれ）が育てられた時代と、今は、子育てのミッションが違っているのである。だから、いきなりの主語なしＮＯで、子どもを育てる時代でもないってことだ。

21世紀を駆け抜ける若者たちへの最高のプレゼント

思春期、大人になる直前、個性がこぼれ落ちるそのとき。

かつての少年少女たちは、あふれ出る「思い」を有無も言わさず刈り取られて、言いたいことを呑み込む大人になった。

これからの少年少女たちは、あふれ出る「思い」を歓迎されて、未来を駆け抜けていくことになる。

人生の早い時期に、親がくれる「きみの気持ちはわかるよ」付きの否定は、子どもたちの脳に「たとえ否定されることになっても、思いを表現する価値がある」ことを根付かせることになる。

21世紀を生き抜く若者に、これ以上のプレゼントがあるだろうか。

第2章

思春期の脳を理解する

大人の脳と、子どもの脳は、機能が違う。ミッションが違うからだ。

子ども脳は、「世の中のありよう」を「感じる」ために機能している。いわば入力装置である。

大人脳は、効率よく成果を出すために機能している。こちらは、出力装置。まるで違う装置なのである。

当然、一朝一夕で変わるわけじゃない。12歳から15歳までの3年間をかけて変化する。そう、思春期というのは、脳の変化期なのだ。人生の、ほかのどの3年とも違う3年間を過ごす。それが思春期、中学生たちの脳の真実なのである。

子ども脳は「感性まるごと」記憶する

子どもたちの脳は、何かを記憶するとき、五感から入ってきた感性情報を付帯して保持する。

12歳までの記憶を想起したとき、「そのとき」の味や匂いが立ち上った経験はないだろうか。小学校5年生のときに隣町のプールに行ったことを思い出したら、そのプールサイドで食べた焼きそばの味を感じた、とか。田舎のおばあちゃんちの縁側を思い出したら、苔むした庭から立ち上る匂いを感じた、とか。

そういえば、週刊誌の連載エッセイで、作家の誰かが「12歳までの記憶には、匂いや味がある」と書いていたことがあったっけ。「隣のおじさんのカローラに乗ったことを思い出したら、昭和の新車特有のシートの匂いや、そのとき口に入れていた不二家のキャンディの味がありありと浮かんだ」と。

そう、子ども脳の記憶方式は、「感性まるごと」なのだ。

感性こそが、人間力の源

感性情報は、「世界」が何でできていて、どうやって成り立っているのかを理解するための重要な情報であり、これ以降の人生の発想力の源にもなる。

竹やぶに風が吹き抜ける音、笹の葉に夕立が降り注ぐ音を聴いて育った少年は、将来、木造の家にこだわる建築家になるかもしれない。風や雨と響き合える家を愛して。

こういう感性は、体験でしか手に入らない。そして、こういう感性こそが、「他者にはできない、その人だけの何か」を創り出していくのである。人間力は、感性記憶力すなわち「どれだけ感性が付帯した記憶を作れるか」にかかっていると言っていい。

12歳までの脳は、感性記憶力の全盛期である。このあと変化期に入るが、変化期の半ば14歳までは、「感性記憶力の時代」と呼んでいいと思う。

脳を装置として見立てる私の研究の立場から言えば、14歳までの脳は、どれだけ感性情報を取り込めるかが重要で、「記号化された情報の詰め込み」に使うには惜しい気がする。

うんと遊んでほしいし、うんと本も読んでほしい。人とかかわり、自然とかかわり、世界とかかわって、胸を躍らせたり、ときには胸が締め付けられるような思いをしてほしい。勉強では、「真理に出会う興奮」「方法論を見つける歓び」を味わってほしい。「要領よくノウハウを教わる」方式は、14歳までは勧められない。そんな「スカスカな記憶」、受験勉強以外に使いようがないもの。

子ども脳の欠点

勘や発想力の源になる、人間力の源＝感性付帯記憶だが、一方で大きな欠点がある。

一つ一つの記憶の情報量が大きく、付帯情報にもリンクが張り巡らされているので、検索速度が低く、「とっさの判断」に使えない。また、一つ一つの記憶の違いが鮮明すぎて抽象化しにくく、まとまったデータ群になりにくいので、網羅検索がしにくいという難点もある。

つまり、感性付帯記憶は、発想のための持ちネタにはいいが、「とっさの判断を的確にこなす」には向いていないわけだ。日々の暮らしをちゃっちゃとこなさなければならない大人たちの脳が、感性記憶だけで構成されていては心もとない。

というわけで、脳は、変容を遂げる必要がある。

大人脳は「とっさの勘」が働く

大人脳の特徴は、「差分《さぶん》記憶」である。新しい経験をしたとき、子ども脳は、それを素直にまるごと記憶していくわけだけれど、大人脳は、まずは、とっさに類似記憶を取り出して、状況判断を試みる。そして、すばやく「類似事象との差分」を見抜いて、その差分だけを記憶していくのである。

とっさに類似事象をマッチングすれば、それが初めて体験する事象であっても、何らかの初動が取れる。遭遇したのが危険な事象であったとしても、とっさに身を守ることが可能なのである。つまり「とっさの勘」が働くわけだ。不測の事態に遭遇しながら生きていくこの星の大人たちに、絶対不可欠なセンスである。

そして、差分だけの記憶ならば、記憶容量が圧倒的に少なくて済む。しかも、類似でくくられる複数のデータの共通部分だけを抽象化したモデルが出来上がるので、概念の多層構造になり、これをたどることによって、似たような記憶を「網羅検索」することが可能になるのである。

なんて合理的で、要領がいいのだろう。

とはいえ、どうしたって、繊細ではなくなる。

大人脳は決めつけが激しい

もう何十年も前のことだが、ある一流ホテルで、アイスクリームを食べたときのこと。一緒に食べていた女友達の一人が、「ああ、これ、○○に似てるね」と、まあまあ高級な市販のアイスクリームの名前を挙げた。もう一人の友人が、「そうね、たしかに」。「じゃ、コンビニで、○○買えばいいじゃん」「いや、この口に含んだときのまったりと、くちどけの爽やかさのギャップは味わえないよ」「そのためにこの値段出す?」「そうねぇ」とふたりは微笑み合った。

私は、立派な大人脳だなぁと、しみじみしてしまった。これが12歳以下の子なら、この一流ホテル自慢のアイスクリームを、その味のまま記憶することができる。上質なミルクが醸し出す、乳脂肪分の痕跡まで味わって、さらに、器の美しさや、給仕をしてくれた人のしなやかな所作まで付帯させて。

12歳じゃなくても、28歳までの脳は入力装置なので、まだ、それほど決めつけることもなく、高級アイスクリームを味わえる。

ところが、脳は年齢を重ねるごとに、決めつけが激しくなっていく。40代にもなれば、「ああ、これって、〇〇よね」と言うセリフが俄然増えてくる。

脳なんて、「これって〇〇じゃん」って言ってしまった瞬間に、デリケートな感性情報を切り落としてしまう。年齢を重ねると、どうしたって、無邪気に喜べることが減ってくる。初体験をプレゼントするなら、若い子のほうが楽しい。……と、私だって思うのだから、おじさまたちが、若い女の子に、ディナーをおごりたくなる気持ち、うんとわかる気がする。

大人は、違いがわかる

とはいえ、年を取ると感動しなくなる、というわけじゃない。「共通項を大胆にくくり出す」一方で、差分にどんどん繊細になっていくので、ある年齢を超えると、逆に「一流」を深く味わえるようになる。先ほどのアイスクリームの例で言えば、「この口に含んだときのまったりと、くちどけの爽やかさのギャップ」のためだけに、時間とお金を使ってもいいと思えるようになってくるのだ。

かつて、「違いがわかる男のコーヒー」という宣伝文句があって、大人の男たちの横顔と共にCMに使われたものだったけど、まさに「違いがわかる」のは、十分に大人になった脳たちの特権だ。

だから、大人たちは、「差分」を語りたがる。「こないだ福岡行って、本場の博多ラーメン食べてきました〜」と嬉しそうに語る若者に、「いや、一口に博多ラーメンと言ったって、いろいろあってさ」なんて、水を差しちゃったりね。

そう、若者たちがうんざりする「おじさまのウンチク」は、脳の成熟に伴う副作用だったのだ。

ちなみに、十分に大人になった女性たちも「差分」がわかるようになるのだが、いきなりはウンチクを語らない。理由は、女性脳が、コミュニケーションにおいては共感を最優先するからだろう。おばさまたちの場合は、「私も10年前に、博多でラーメン食べた」とか「博多ラーメン、美味しいよねぇ」と答えるほうが先。ただしその後に、「あらぁ、○○のラーメン食べなかったの。ダメじゃない。今度、絶対行って」みたいな「押しつけ風味のウンチク」が、追いかけてくる。

まぁ、おじさまにせよ、おばさまにせよ、悪気は毛頭なくて、自らの脳が「差分」を微細に感知するようになったので、それを「よかれと思って」伝えたい一心なのだ。自分も若いときは、年上の人たちのウンチクにうんざりした経験があるのにね。脳が変われば、元の脳の気持ちも忘れる。それが脳の悲しいところだ。

若者が、大人の決めつけやウンチクにうんざりする理由

大人脳の「決めつけ」は、30代になると顕著になってくる。やがて50の声を聞くようになると、「差分」を語りたくなるウンチク期に突入する。つまり、思春期の子を持つ親たちは、決めつけ期からウンチク期のはざまにあって、思春期の脳とは、相性が最悪と言っていい。

入力期にある若者たちの脳は、「体験」をそのまま味わう能力が高くて、今の「体験」にひたすら集中したいのである。そんな脳に「それって、○○だよな」と決めつけるのは最悪だ。せっかくの「一期一会の体験」が、「よくある、つまんないことの一つ」に分類

されてしまうのだもの。形骸的な、記号論的なことばでくくられることで。

さらに、「ここが違うんだよね。一流って言うのはさぁ」みたいなウンチクは、集中力を妨げる、不快な雑音に過ぎない。

というわけで、若者たちに、「クールな大人」だと思わせるには、「決めつけ」とウンチクを極力減らしてやればいい。

「決めつけ」は、その本人の悩みを排除してやるときのみ使ってやる。もやもやを切り落とすために。「それって、向こうの嫉妬だろ。きみが悩むことはない。堂々としていればいい」みたいにね。ウンチクは、たま〜に、大人の教養として、見せつけてやる程度に。

本当に「大人はわかってない」のである

14歳までの感性記憶力期には、特に、その傾向（決めつけとウンチクを嫌う傾向）が強く出る。

先に述べたように、子ども脳は、大人には見えない多くの感性情報を感知している。このため、大人が「○○だ」と決めつけたとたんに、大人に見えていないものに気づいて、絶望するのである。

「大人はわかってない」――世界中の子どもたちが口にするこのことばの意味を、誰もが大人になると忘れてしまう。さっきも言ったけど、脳は、変化してしまうと、元の脳のことをすっかり忘れてしまうからだ。

子どもにこれを言われると、「わかってないのは、おまえだ」と大人は言い返す。多くの大人は、自分のほうが世の中を知っていると思って、このセリフを言う。数少ないフェアな大人は、お互い様だと思って言い返す。だけど、ぜんぜんお互い様なんかじゃない。子どものほうが、ずっと微細に「世の中」を感じているのだから。大人が切り落としてしまったものを、ちゃんと見つめているのだから。

幼い息子と対峙するとき、私には、いつも尊敬と憧れと恥ずかしさがあった。彼に見えていて、私に見えていないものがあると、私は知っていたから。彼は、まるで「星の王子さま」のようで、淡々と語ることばの中に、ときに驚くような慧眼を見せてくれ、途切れないヴェールのような優しさを持っていた。

30歳になった今は、さすがの彼も「決めつけ期」に突入したらしく、惚れ惚れするような的確な判断力を見せてくれる一方で、あのふんわりした「星の王子さま」風味は影をひそめてしまった。

脳はひとときも立ち止まることなく、前に進んでいく。寂しいと言えば寂しいけれど、代わりに今年、わが家には、新たな「星の王子さま」が舞い降りてきた。それが、びっくりするほど、あの原作イラストにそっくりな赤ちゃんなのだ（小顔で、足が長くて、顎の輪郭も肩のラインも佇まいも「星の王子さま」そのもの！）。

私はまた、尊敬と憧れと恥ずかしさと共に、孫息子を抱いている。30年前、息子にそうしたように。何もかもを見抜く、感性の塊のような脳がここにある。彼が、ことばをしゃべらないからと言って、軽んじられるわけがない。

思春期の脳は、誤作動する

さて、脳の変化は、まずハードウェアのほうからやってくる。

12歳を過ぎると、自然に抽象概念が扱えるようになり、変数を使った方程式を難なく理解できるようになる。これは、ある程度の「差分認識」ができないと難しいので、中学数学が始まる前に、大半の子どもたちには、既に大人脳シフトが始まっているということになる。

ちなみに、9歳から12歳の誕生日までの3年間を、脳科学者たちは、脳のゴールデンエイジと呼ぶ。脳神経細胞の回路が劇的に増える時期で、これが、「子ども脳の仕上げ」と言っていいと思う。つまり、子ども脳として成熟を見るのが12歳のお誕生日の頃。それを過ぎると、大人脳への変容が始まるわけだ。

12歳、子どもたちの脳では、差分認識が始まる。「過去の記憶」の中から、即座に類似事象を引っ張り出して状況判断し、なんらかの初動を取るようになる。

でも、考えてみて。大人脳の長い旅が始まったばかりのそのころ、子どもたちの脳内の「過去の記憶」は、まだ整っているとは思えない。

脳の中の大半の記憶は、子ども脳型である。大人脳としての経験はまだゼロに近い。つまり、ハードウェアはバージョンアップしたものの、ソフトウェアがまだ旧バージョン、ファイルの大半がハードウェアと整合性が悪い、という状態なのだ。

当然、誤作動する。

想定内の誤作動にビビらなくていい

遅刻なんかしなかった子が遅刻する。忘れ物なんてしなかった子が忘れ物をする。優しかった子が、友だちにイラついて「死ねば？」なんて口走って、誰よりも本人が傷ついたりもする。朝起きて、「なんだかいいことがありそうな気分」でとび起きた子ども時代から一転、目が覚めればうんざりする。親を見れば嬉しくて、背中に飛びついてきた子ども時代から一転、親の顔を見れば、イラっとする。で、大好きだった母親を「くそばばぁ」なんて罵倒しちゃったりする。前髪を切りすぎただけで、涙があふれてきて、不登校になりかける。父親と同じ空気を吸うのも嫌になる。

これらは、思春期の脳の想定内の誤作動である。

もちろん、いじめや非行のサインは見逃すわけにはいかないが、社会行動に大きく問題はなく、単に「家庭内性格が悪くなった」だけなら、それは気にするに値しない。その原因を探ろうと思っても、私は無意味だと思う。誤作動する装置で生きてるんだから、誤作動するだろうよ。ただ、それだけだ。

親は、「育て方を間違っちゃったのかな。どうすれば治るのだろう」とおろおろしてもしょうがない。「あ～あ、盛大に誤作動しちゃって、かわいそうに」と、温かな同情を寄せるしかない。

娘が父親を嫌悪するのは、健康な証

先ほど、思春期の問題行動を列挙して、すべて想定内の誤作動だと言ったが、一つだけ違った。娘が「父親と同じ空気を吸うのも嫌になる」のは、誤作動ではなく、正しい作動だ。

生物は、近親の遺伝子配合を避けるために、生殖行動に移る前に、遺伝子情報を察知して、「似ている遺伝子の持ち主」を発情の対象から排除する。生殖によって生じる遺伝子の組合せは、よりバリエーションがあったほうが、子孫の生存可能性が高まるからだ。寒さに強い遺伝子と、暑さに強い遺伝子が混じれば、地球が温暖化しようと寒冷化しようと、子孫の誰かが生き残る。生物は、この多様性の論理にのっとって、繁栄してきたのである。

遺伝子の類似性のジャッジには、ＨＬＡ遺伝子を使う。ＨＬＡ遺伝子は、免疫抗体の型を創り出す遺伝子で、脳は、異性の体臭などから、その情報を察知することができる。自分と相手のＨＬＡ遺伝子の類似率が高ければ、発情しない。

そして、娘は、父親からもらったＨＬＡ遺伝子をジャッジに使うのである。つまり、父親は「完全一致」の相手。この世で、もっともありえない相手なのだ。

ちなみに、ＨＬＡ遺伝子の型と、フェロモンの匂いのタイプは一致するのだそうだ。つまり、体臭の中に含まれているフェロモンによって、私たちは、「あり」か「なし」かを決める。匂いが決め手になるので、当然、「あり」の男子の匂いは気持ちよくて、「なし」の男子の匂いは気持ち悪い。もっともあり得ない相手＝父親が臭いのは、しごく当然のことなのだ。

娘の脳にある日、遺伝子の類似性ジャッジのスイッチが入る。娘にしてみれば、ある朝、目覚めたら、あんなに大好きだった父親が、「臭くて、うざい」おやじに変身しているのである。一時期、一緒にごはんを食べるのも嫌、父親の後にお風呂に入るのも嫌、話しかけないでほしい、こっちを見ないでほしい、となってもしかたないのではないだろうか。

もちろん、多くの娘たちは、あからさまにそれを口にしたりしない。朝ごはんの時間をずらしたり、リビングに長居しないようにしたりして、うまくやり過ごしていく。

とはいえ、父親のほうも気づかないわけがない。かつて「パパのおよめさんになる〜」と抱き着いてきた娘が、父親の帰宅にドン引きしたり、「学校、どう?」って聞いても「別に」「ふつう」と素っ気ないし、廊下ですれ違いそうになったら、部屋に戻ったりするわけだもの。

とにかく、波風立てずにやりすごす

寂しいだろうけど、しばしの辛抱である。この生理的な嫌悪感は、理性で乗り越えられる。いつか、あなたの娘は帰ってくる。

ただし、娘のドン引きに腹を立てたり、頭ごなしに何かを決めつけたり、会話を説教から始めていると、その限りではない。

思春期は、とにかく、波風立てずにやりすごす。「誰のおかげで食えてるんだ!」と言いたくなるところだけど、それ言わないほうがいいかも。

私の父は、昭和ひとけた生まれなので、このセリフを何度か言った。私は、言われるたびに、「こんなセリフ、一生誰にも言わせない。自分の食いぶちは、自分で稼ぐ！」と決心してたっけ。私が、何があっても働いて来れたのは父のおかげだけど、誰かを頼って生きるカワイイ女になれなかったのも父のせいである。

そういえば、専業主婦だった母は、このセリフを言われたとき、あわてず騒がず、「私のおかげでしょ。私がごはんを炊かなかったら、あなたは、生米をかじることになるけど？」と言い返していたっけ。考えてみれば、専業主婦の腹の据わり方は、半端ない。専業主婦は、夫を頼ってなんかないんだよね。

結局、どう育てたって、娘は逞しく育つのだろう。娘の逞しさに弾き飛ばされないよう、お父さんたちは、真正面からぶつからないことだ。

思春期の脳に同情しよう

まとめよう。

思春期特有の性格の悪さは、「脳の劇的な変化に伴う、誤作動」によって生じている。

したがって、この時期の子どもたちの言動に、いちいち目くじらを立てても意味がない。その言動と、心が一致していないのだから。

言動のひとつひとつを糾《ただ》したりせず、ざっくりと「子どもが大いなるストレスの中にいる」と理解してやろう。世間が眉をひそめるような言動をしたときこそ、親は、温かく同情してあげてほしい。「本当は、そんなこと言いたいわけじゃなかっただろうに。かわいそうに」と。

ただし、その同情は、そのままことばにしないほうがいい。尖っている思春期の脳にそんなことを言ったら、「あんたに何がわかるんだ」なんて刃が返ってくることもある。

まぁけど、「くそばばぁ」くらい尖ってくれたら、いじってもいいのでは？　私は息子がこれを言ったら、「かわいそうに、思春期脳が誤作動しちゃって」と抱きしめてあげるつもりだったけど、彼はとうとう口にしなかった。あるとき、彼が珍しく激高したので、「くそばばぁ、出る？」と心の中でつぶやいたら、「ハハ、期待しているでしょ。絶対に言わないからね」と言われてしまった。心の中でつぶやいたのに、なぜばれた？　私がきっと、期待感満々の笑みを浮かべてしまったのに違いない。

温かい同情は、ことば以外でちゃんと通じる。子どもを責めないだけで十分。好きなものを食べさせてあげたら完璧。

機嫌直しの魔法

子どもの気持ちをほどくアイテムを、日ごろから意識しておくといいかもしれない。脳は、習慣によって、神経信号を換えられる。たとえば、「幸せなときに、いつも口にしていたお菓子」を口にすると、脳は反射的に、幸福感の信号を発してしまうのだ。だから、幸せなときの定番の何かを使えば、強度のストレスを緩和することができる。

たとえば、塾から帰ってきてほっとする時間に、いつもココアを呑んでいるのなら、ココアがいつもの開放感を連れてきてくれる。あるいは、買ってあげると笑顔になる、子どもが大好きなお菓子。作ってあげれば笑顔になる、子どもの好きなおかず。テッパンの音楽、テッパンの趣味アイテム。きっと、何かあるはずだ。

機嫌直しのアイテムを常備しておいて、さりげなく目の前に置くこと。イラついて、小言を言い、無意味なことばの応酬になる前に、試してみる価値はおおいにある。まぁ、ときには、それも吹き飛んじゃうかもしれないけど、そこまでのクライシスは、人生にそう何度もあることじゃない。

機嫌直しのアイテム。実はこれ、夫婦の間でも、けっこう便利なのだ。

妻の好きなお菓子をいくつか、挙げられるだろうか。もしも最近のそれを知らなかったら、ふたりで散歩して、コンビニで何か買ってあげる、と言ってみたら？

イライラしたあげくに、何もかもがうまく行かずに、ど〜んと落ち込んでしまったようなとき。冷蔵庫の扉に大好きなチョコレートが貼ってあったら、脳は、どんなに楽になるだろう。こと家の中では、妻はイライラすることが多いので（理由はいくつかある。詳しくは、私の本『妻のトリセツ』をご参照ください）、夫が、妻の好物を把握することは意外に大事だ。できれば、その好物に、ふたりのいい思い出がリンクしていると、さらに効果がアップする。

というわけで、日ごろから、幸せなときに、ふたりで必ず食べるスイーツを決めておくのもいいかも。「ふたりで散歩したときに、帰りにコンビニによって、夫が妻に必ず買ってあげるお菓子」なんて習慣があっても、ロマンチックじゃないかしら。

で、喧嘩して、気持ちがどうにも収まらないときに、ふらりと家を出た夫が、そのお菓子を買って帰ってくれたら、きっと、喧嘩のもやもやも吹き飛んでしまうに違いない。

子育て中の妻が夫に厳しい理由

ヒトには、わけもなくイラついたり、落ち込んだりすることがある。それを真正面から正そうとしてもナンセンスなのだ。その「ネガティブに見える言動」も、その脳にとって、重要な意味があるからだ。


たとえば、母性。

私の脳科学では、脳を電気系回路装置と見立て、人間関係をそのネットワークシステムというふうに見立てる。すると、母性とは、かなりクールな信号処理なのがわかる。

母親という「装置」は、子どもを無事に育て上げるために、資源（時間、意識、手間、食べ物、お金）を子どもに集約しようとする。搾取できる相手からは徹底的に搾取してまで。

そうでもしないと、幼体期の長い哺乳類＝人類の母親たちは、子どもを育て上げることができないからだ。

しかるに、子どもの父親＝夫は、搾取されて当たり前の存在。妻たちは、子どものいない新婚時代は、自らの資源を夫に捧げていたのに、子どもを持った途端に、夫のそれまでをも搾取しようとしだすのである。

たとえば、赤ちゃんのオムツを換えていて「おしり拭きに手が届かない」なんていうとき、新婚時代の妻ならば「たっくん、それ取って、お願い」「ありがとう。ちゅっ」なんてしてくれたはずなのに、「それ！」「え、何？」「はぁ？（イラッ）」みたいな会話になっちゃうわけ。夫に捧げる時間（口数や手間）を、最小限にしてしまうからだ。

別に、夫が何かしたわけでも、妻にかわいげがなくなったわけでもない。脳の戦略であり、脳の持ち主も知らないうちに起こった変化なのである。

これって、心理学に照らせば、アンガーマネジメントに失敗したケースに分類されるのだろうか。マタニティーブルーとかヒステリーと呼ばれるのだろうか。妻は自分の怒りを制御し、「健全な社会生活」を送るべく、努力しなければならないのだろうか。

私から見れば、「子育て中の妻が夫にイラつく」ことは、「子どもを無事育て上げる」というミッションに不可欠のセンスで、この脳は、非常に正しく機能しているように見える。妻ではなく夫の側に、ぼこぼこにされないように身を処す必要があり、このために、私の『妻のトリセツ』があるわけだ。

世間では、子どもに向ける母親の慈愛をもって「母性」と呼ぶが、その裏には、子どものために徹底して利己主義になる機能も付帯している。それが脳という装置だ。

「感情の爆発」もときには必要

思春期のみならず、妻も友人も、年老いてきた両親も、誰もが知らないうちに、脳の戦略に踊らされている。人生の中には、脳の変化期もけっこうあるからね。

その根本を呑み込んでしまうと、「相手の言動の意味をいちいち探ってもしょうがない」ことが腹に落ちるはずだ。

いきなり親にムカつく思春期の子どもたちも、いきなり夫にムカつく産後の妻も、ことあるごとに落ち込んで見せる老母も、けっして、本人のせいじゃない。

もちろん、本人にも、「必要以上にムカついて、ひどいことをしている」のを自覚してもらうと、ありがたいんだけどね。とはいえ、変化した本人は、自分が変化しているなんて微塵《みじん》も思わないので、なかなか認めてはくれやしない。

大切な人の、脳の戦略に巻きこまれないようにしよう。大切な人の怒りに巻き込まれて、怒りで返すなんて、バカバカしい限りである。

とはいえ、それを知っていても、私は、あえて、夫には怒りをあらわにすることがある。呑み込むこともできるが、それを習慣にしてしまうと、ある日突然、身の毛もよだつほど嫌いになってしまうはずだから。女性脳の「感情の時間軸積分力（過去の感情をため込んで増幅させる力）」は半端なくて、そうなったら、きっと私にも制御しきれない。


小さな爆発で、大災害を防ぐ。

思春期の子どもにも、きっと、それが必要なときがあるはず。誤作動だと知ってはいても、人間としてゆるせないことや、本当に危険なことには、親が身を震わせて怒ることも大事なのである。

自分のために、命がけで、悲しんだり、怒ったりしてくれる人。その存在が、道を踏み外す子どもたちを救う。

というわけで、「日々のイライラは同情に変える努力をしてみて。とはいえ、それでも腹が立ったときは、思いっきり怒ってもいい」というのが、この章のアドバイスである。

この世の脳は、ほとんど正しい

脳は、たいていの場合、間違いがない。

脳は、一秒たりとも無駄なことはしないし、「一個の脳」として非合理的に見えても、群れ全体では、有効に働く存在ということもある。この世に、無駄な脳は一切ないし、誰も何も目指さなくていい。

私の脳科学と、脳生理学系の脳科学や心理学には大きな違いがある。

脳生理学や心理学では、「健全な脳」を定義する。そこからはみ出た「不健全な脳」には、なんらかの原因があるとされ、「健全になろうとする努力」を強いられるわけだ。

私の脳科学では、「健全な脳」を定義しない。すべての脳に、「そうしてしまう」理由があり、すべての脳が、その時点で正しく機能している、というふうに見えるから。

夫に毒づく妻の脳は、母性の機能を最大限に発揮するために、そうしている。

妻の気持ちがまったくわからない夫の脳は、狩り（仕事）の能力を最大限に発揮するためにそうしている。

イラつき、うざがり、感謝の気持ちなんかどこにもない子どもたちの脳も、脳の健やかな成長のためにそうしている。

瑞々しい冒険心に身体がついていけなくなった老親の脳は、いい感じにすっとぼけてくる。脳が鮮明だったら、出来ないことに苦しんで、つらいからね。

そのどれも正しい。

正しいと受け止めて、そんな脳とどう付き合うかを探ればいい。

思春期の脳を楽しもう

もちろん、脳も身体の一部なので、生まれつきの障害もあるし、〝怪我〟をすることもある。外的な要件で、脳神経信号特性が歪んでしまうPTSD（Post Traumatic Stress Disorder／心的外傷後ストレス障害）のようなケースである。また、ホルモンバランスの乱れなどにより、想定外の信号が流れることもある。

それらの場合は、当然、支援や治療が有効で、私は、けっして心理学を否定しているわけじゃない。ただ、病理ではなく、よりよく生きるために心理学を使うときには、もう少し「健全」の幅を広げてもよいのでは？　と、思えるのだ。

脳には、「目的を果たすための機能」と「それを裏支えする機能」があり、それがセットでないと、目的を果たせない。その「裏支えする機能」を欠点だと言われ、正そうとすると、脳という装置はパフォーマンスを下げてしまう。

集中力のある脳は、けっこうビビりだし、発想力のある脳は、けっこうぼんやりしている。理系の天才たちは、たいていは、ビビりでぼんやりだ。

「人間」を見るときに、この「脳という装置の特性」を見極めて、ゆるすところはゆるそうよ、他人のそれも、自分のそれも——というのが、私の脳科学である。

「ボケて、恐怖心もなく死ぬ」のが脳の目的なのに、ボケることを恐れて暮らすなんて、無駄すぎる。

「子ども脳から大人脳への変容期には、誤作動する」のが想定内なのに、親ががっかりするのも、無駄すぎる。

誰もが、自分の脳を楽しめばいい。子どもの脳も楽しめばいい。

子どもの妊娠を知って、母子手帳を手に入れた日から、私たち親は、「世間並み」かどうかの評価を受け続け、それを気にし続けてきた。

身長は？　体重は？　おっぱい（ミルク）の量は？　睡眠時間は？　離乳食は？　乳離れは済んだの？　歩いたの？　しゃべったの？

思春期といったって、そこからわずか13年しか経っていない。どうしたって「世間並み」

や「世間体」にこだわってしまうだろうけれど、今こそ、その尻尾を切り落とそう。

1章でも述べたけど、人工知能の時代、「人と同じようにできる」なんて、何ら意味がない。「人と違ったことをしてしまう」が価値を生む時代である。

思春期。はみ出したり、足りなかったり、空回りしたりしながら、子どもたちの脳は、個性を際立たせていく。そのもがき方は、寝返りが打てずにぐずって泣いた赤ちゃんのときと、なんら変わらない。叱っても、なだめても、本人にさえどうにもできない。親はただ傍にいて、しっかりごはんを食べさせて、しっかり眠らせるしかない。考えてみれば、赤ちゃんのときから、親のミッションなんて、そう変わっていないのかもしれないね。

第3章 思春期の脳は眠らなければいけない

変化期の脳は眠い。

なぜなら、眠っている間に脳が進化するからだ。

脳は、眠っている間に進化する

記憶と認識を司っているのは、脳の中の海馬《かいば》と呼ばれる器官だ。海馬はタツノオトシゴの別名。タツノオトシゴが2匹、向かい合っているように見えるらしい。

海馬は、脳の持ち主が起きている間は忙しい。とにかく、身の回りのことを認知し続けているからね。廊下を歩く、という行為ひとつとっても、通路の幅、到達地点（目安地点）までの長さ、壁のようす、床の摩擦力・傾斜・段差、向こうから人が来る、後ろから人が追い越してくる、向こうから来るのが知り合いか否か、などなどを認知しており、それらをすばやく識別して、危険から身を守ったり、知り合いなら挨拶したりしなければならない。

ただ黙って座っていても、いろいろ考えてしまうのが人間というもの。座禅を経験したことがある人は、「雑念を払え」と言われても、そう簡単にはいかないことを知っているはず。そう、脳の持ち主が起きている限り、海馬は、常に認識と思考を続けているのである。

海馬がやっと手が空くのは、脳の持ち主が眠ったとき。ここからが、知識の再構成の時間である。つまり、海馬は眠らないのだ。

脳は、起きている間に経験したことを、何度も再生して確かめる。既存の知識に照らして、関連性を見つけ出したり、抽象化モデルを作ったりもする。ときには、「顕在意識では思いもよらない」概念の組合せを作ったりして、発想の種も作る。

「記憶の再生」や「記憶や概念のランダムマッチング」の途上で、ヒトは夢を見る。夢を見るか見ないか（つまり覚醒時に覚えているかいないか）は、きっと、どちらでもかまわない。あれは、「作業中」の出来事だから。

素晴らしい発想は、寝起きにやってくる

眠っている間に何か思いついた、という経験はないだろうか。寝起きに「何かつかんだ」

という感覚。「夢を思い出した」というより、「寝ている間に何かわかった」という感覚だ。作家やデザイナー、アーティストに、それを言う人は多い。私はまさにそのタイプで、本を書くのは、たいてい明け方に始める（現在の時刻は4：32）。このことを自覚したのは受験勉強中だった。眠っている間に物理の問題が解けて、寝起きに課題が片付いたから。

だから、書けないとき、アイデアが浮かばないときは、とにかく寝る。眠れば、脳が何とかしてくれると信じている。脳は、けっして私を裏切らない。そう、まさに、「果報は寝て待て」である。

なのに、「本を書かなくちゃならないから、協力してね。自分のことは自分でして」と家族に宣言した私が、韓流ドラマを観たり、だらだら寝て過ごすので、家族はたいてい「本、書くんじゃなかったの」とイラついた声を出す。

それ、間違ってるからね。

思春期の子どもを持つ親、必見のドラマ

韓流ドラマを観るのは、脳に刺激をあげるためだ。何せ、韓流ドラマの脚本力は素晴らしくて、たいていは、気持ちいい「裏切り」をくれる。「ここは、こう進行するだろう」と思い込んでいる私を気持ちよく裏切って、心を揺さぶってくれるのだ。

たとえば、『梨泰院《イテウォン》クラス』の一節。

主人公のパク・セロイは、財閥の権力に正義で対抗して、不当にも高校中退の犯罪者となった青年である。その人生のどん底から這い上がって、韓国食産業の頂点に立つまでを描いた痛快青春劇の中で、彼は、いくつもの名言を放っている。その中に、寝転んで観ていた私を起き上がらせたセリフがあった。

財閥系の巨大企業から再三の嫌がらせを受け、彼のレストランが経営危機に陥る。その事態を打開すべく、訳ありのシェフが奮起する。彼女はトランスジェンダー（男性から性転換した女性）なのだ。徴兵制もあって、「男が男らしくあること」への意識が強い韓国では、日本人が想像するよりずっとＬＧＢＴへの嫌悪感が強い。あからさまな嫌がらせを受けな

がら、ひっそりと厨房にいた彼女が、テレビの料理対決番組に出て、決勝まで勝ち残るのである。

その決勝の日、彼女がトランスジェンダーであることがネットにリークされ、彼女は好奇の目にさらされる。その視線に何とか耐え、泣きながら「味で納得させます」と言う彼女に、セロイは、こう言うのだ。「好奇の目に晒されてまでやらなくていい。お前はお前だから、他人を納得させなくていい」と。

「えっ」と、私は声を上げてしまった。命懸けで手に入れたレストランを救う唯一の手立てなのに「え〜?」。日本のドラマならここ、「そうだ。自分の存在意義を示してこい」と、背中を押すシーンになるに違いないのに。

結果、彼女は、リラックスして決勝に臨むことになる。試合中、司会からトランスジェンダーであることに言及されたとき、彼女は素敵な一言を放つのだが、それは、ドラマを観てのお楽しみ。

『梨泰院クラス』は、思春期の子どもを持つ親たち必見のドラマである。本当は子ども自身に観てほしいけれど、それは、何年か先でもよいのでは。なぜなら、親が使えるセリフがいっぱいあるからだ。「不当な目にあったときの名セリフ」「失敗してくじけそうになったときのセリフ」「劣等感に負けそうになったときのセリフ」が各所にちりばめられている。そのまま使ってもいいし、自分流にアレンジしてもいい。まだ観ていない方は、ぜひご覧あれ。

「好きなことして、だらだら眠る」は、脳の準備体操

さて、話を戻そう。

韓流ドラマを観て、だらだら寝ている私に、家族の風当たりが強い話だ。

私の脳が必要としているから、私はこれをする。2週間の持ち時間のうち、9日これをして5日で書く、というのが、私の脳のスタイルだ。2週間、毎日コツコツ書こうとしても、何も出てこない。机に座るだけ、無駄なのである。

かといって、どこまでも自由なのはダメ。「鬼のメきり」があるからこそ、9日目に立ち上がれる。

目標と締め切りがあってこその、だらだら寝。これが脳に一番いいのだが、はたから見

ると「目標と締め切りがあるのに、このていたらく」というふうにしか見えない。

これって、思春期の子どものすることと、はたから見えることの関係によく似ていると思う。子どもは、脳が必要としていることをしているのに、親からは「このていたらく」に見える。

中学生は眠い

中学生は、本当によく寝る。

毎日くたくたになるまで遊んでくる（部活も含む）。帰ってくればネットにも入り浸って、勉強なんてどこ吹く風。雨の週末くらいちゃんと勉強しなさいよ、と思っていたら、14時間も寝続ける……みたいな、そんなとき。親としては、イラついて、蹴とばしたくもなるのではないだろうか。

だらしない、やる気がない、このままじゃ、この子はダメ人間になっちゃう。言っても言っても、変わらない。いや、むしろひどくなる。焦る。――その気持ちは、本当によくわかる。でも、大丈夫である。この脳と身体で生きるのは、この3年間だけだ。人間は、一生、中学生のときのように眠いわけじゃない。

私の同世代の友人たちなんて（60代）、「夜、なかなか眠れないと思ったら、明け方起きちゃうの」とか言ってる。更年期以降の脳が眠りにくい直接の原因は、生理的な理由もいくつか挙げられるのだろうけど、要は「起きている間に、心を動かす体験がないから、眠っている間に、海馬がすることがない」ので、起きちゃうのである。

「眠りの質が悪い」という友人には、脳にいい寝具を薦めたりもするが、それよりも「起きている間に、心を動かされることが、何より大事。好きでたまらないものを見つけなきゃだめよ」とアドバイスする。

それと日没後、照明が明るすぎるのも要注意。脳を眠りに誘うホルモン・メラトニンは、網膜に光刺激があると、分泌を中断してしまうからだ。夜、トイレに起きる年配者には、特に配慮が必要だ。足元に、人感センサーのついたランプを置くといい。そのふんわりした光だけで、夜は十分だ。

というわけで一生、あんなに眠いわけじゃない（いずれは、14時間も眠ってみたい、ってなる）。

ここは、そうイラつかないで、見守ってあげよう。

眠らないと、頭はよくならない

思春期の子の親にとって何より大事なことは、「眠りは無駄な時間ではなく、脳にとって最も大事な時間であること」を腹に落とすことである。

脳は、眠っている間に進化する。脳神経回路を書き換え、記憶の定着を促す。つまり、勉強しただけじゃ、まだ、頭はよくなってないのだ。脳は体験をスタックしたに過ぎない。その後、眠ることで、頭がよくなっているのである。

5時間勉強し続けるよりは、2時間勉強して3時間寝たほうがいい、ってわけだ。

アスリートだって一緒だ。

昨日までできなかった技ができるようになったとき。その神経系の記憶も、眠るまでは、「体験」にすぎない。眠ると、その記憶を何度も再生して確かめ、いつでも再生できる記憶として定着していくと共に、他の技との共通点をくくりだして抽象化し、運動センスとして昇華したりもしている。

眠りの質が悪いと、アスリートとしても一流にはなれない。

脳が変化期にあって、脳内の整備のためにも睡眠時間が要る。部活で活躍するためにも、受験に成功するためにも、睡眠時間が要る。思春期の脳は、とにかく眠りを欲している。

眠らないと、背も伸びない

くわえて、思春期の身体も、眠りを必要としている。

生殖ホルモンや成長ホルモンが、「真夜中、網膜が余計な光刺激にさらされていないこと」によって健やかに分泌されるからだ。思春期の身体のふたつのミッション、①生殖器官を完成させること、②身長を伸ばすことも、睡眠によって担保されているのである。

実は、ホルモンの分泌は、けっこう光の影響を受けている。

ホルモンの中枢司令塔《視床下部、脳下垂体》は、光の影響を受けやすい。これらの器官は、視神経に直結していて、網膜に当たる光の強弱で、分泌するホルモンをスイッチングしているのである。
たとえば、夜中、網膜に光が当たらなくなると、メラトニンというホルモンが分泌される。脳全体の神経信号を鎮静化させ、脳を眠りに導くホルモンだ。メラトニンがしっかり出れば、睡眠の質が格段に上がり、脳の進化が推進される。「脳をよくするホルモン」の一つである。

逆に、網膜が朝日を感知すると、脳内に、セロトニンと呼ばれるホルモンが分泌してくる。朝日は、地球の進行方向から差し込んでくる光で、ドップラー効果により、一日で一番刺激が強い。ドップラー効果、覚えてます？　救急車の信号音は、近づいてくるときは「ピーポー」と高い音で鳴り、遠ざかっていくときは「へ～ほ～」とやる気のない低い音になる。あれがドップラー効果だ。光にもドップラー効果はあり、東から差し込む光は「ピーポー」に当たり、西から差し込む光は「へ～ほ～」に当たる。だから、朝日は脳を興奮させて元気を創り出し、夕日は脳を鎮静化させて、眠りに誘うのである。

網膜に当たった朝日の刺激で、脳はセロトニンを増量させる。セロトニンは、脳内全体を活性化させるホルモンで、爽やかな目覚めを創り出す。

人類の脳は、昼と夜の交互の繰り返しの中で進化してきた。気が遠くなるほどの長い時間、人類は、夜、闇の中にいた。私たちの脳は、光と闇のスイッチングを免れない。たとえ、どんなに夜を明るく過ごそうとも。

で、生殖ホルモンと成長ホルモンもまた、そうなのだ。

生殖ホルモンと成長ホルモンは、「網膜が光刺激から解放されたとき」に活性化されるホルモンなのである。寝る子は育つ、は、脳科学上も真実である。

めざせ、180センチ!

骨が伸びているのは、「眠っている間」だ。関節に重力や意識の負荷がかかっていないこの時間。成長ホルモンが活性化する、この時間。

私は中学の3年間に13センチほど身長が伸びたけど、夜中に、膝の中で「骨ががくんと伸びた」ような感じがあって、驚いて目が覚めたことがあった。高身長の人に話を聞くと、この感覚、けっこう経験しているらしい。

あのとき、もしも私がゲームに興じていたら、私の脚は、今よりほんの少し短かったはず。それが毎日だったら、165センチにはならなかっただろう。165センチは、昭和30年代生まれの女子としては大きいほうだけど、競技ダンスをしていた私としては、もう2センチ欲しかったところ。今の女の子たちも、身長が欲しいのでは？　韓流美女たちは、軒並み160センチ台後半から170センチ台だものね。

いわんや男子をや、である。

なお、ここから180センチを連呼するけど、私自身は、小柄で小顔を好みなので、背が低いのがダメだなんて思っていない。身長なんて関係ない、180センチは要らない、っていう女子も多くいる。

ただ、多くの男の子たちが、それを望んでいるので、この話をするね。別に180センチにならなくたって、何かに負けたわけじゃないので、そのことだけは覚えておいてほしい。

男子の身長を、160センチ台から180センチまで押し上げるのは、14歳から16歳の3年間。女子は、初潮の前にぐんと伸びる傾向があるので、もう少し早いが、いずれにせよ、思春期前後に「骨の伸び盛り」がやってくる。

その伸び盛りに、「眠りのゴールデンタイム、真夜中」にゲームに興じたり、SNSに夢中になっているなんて、勿体なさすぎる。

ちなみに、「息子に携帯持たせたとたんに背が伸びなくなった」という話を、私は6人から聞いている。特にアンケートを取ったわけでもないのに、眠りと身長の話をすると、この告白が出てくるのである。

夜中のゲームは、「今日の身長の伸び」をゼロにする

ちなみに、夜でなくても、「ぐっすり眠っている間」には骨は伸びる。赤ちゃんは、一日中、骨を成長させている。今年、わが家に初孫が生まれたのだけど、身長48・5センチ

で生まれた彼は、2か月で60センチを超えた。夜帰宅して、「え。大きくなったよね」と感じる日もあるほどの成長ぶりだった。

実は、6歳までと、それ以降では睡眠のシステムが違う。6歳までは、メラトニンに頼らず、いつでもぐっすり眠れる。朝であろうと真昼間であろうと、幼子は、眠りに落ちればぐっすり。一日中、背を伸ばしている。

6歳を過ぎると、メラトニン睡眠に変わるので（そしてメラトニンが闇の中で分泌加速するホルモンなので）、夜中のほうが「ぐっすり度」が高くなるわけ。だから、思春期には「夜の睡眠」を大事にしようって、話。

息子は180センチを超えたが、中学生時代は夕方もよく寝ていた。その様子を見ていたら（眼球の動きや、外界の音への反応）、けっこう「ぐっすり」だったので、起こさないでおいた。「ぐっすり」でさえあれば、夕方寝でも、もちろん効果はある。成長ホルモンは、闇の中でしか出ないというわけじゃない。

ちなみに、息子は朝寝もしたけど、こちらは起こしてやった。理由はセロトニン獲得のため。セロトニンがどんなに重要かは後に述べる（セロトニン効果は「爽やかな寝覚め」だけじゃないのだ）。

「夜中のゲーム禁止、スマホ禁止」を社会常識として押し付けても、中学生が聞く耳持つわけがない。

「夜中のゲームは、今日の身長の伸びをゼロにする」と唱えてあげよう。もちろん、「夜中のスマホは」「夜中のSNSは」でもいい。今の子は、「身長が伸びない」は、かなりのショックらしくて、この呪文がかなり効く。

「夜中のゲーム（スマホ）は、今日の身長の伸びをゼロにする」
「夜中のゲーム（スマホ）は、今日の勉強をなかったことにする」
「夜中のゲーム（スマホ）は、筋肉のつかない身体になっちゃう」
「将来、胸の谷間が欲しかったら、夜中のゲーム（スマホ）は止めといたほうがいい」

このどれもが真実なので、子どもに合わせて言ってあげたらいい。

眠っている間に、学んだことが知識に変わることは、既に述べた通り。ちゃんと眠らないと、「今日の勉強」は短期記憶に留まり、そのうち消えてしまう。

思春期から18歳くらいまで、人生最大量の分泌を見る生殖ホルモンは、「女らしさ」「男らしさ」を作り上げる。女子に分泌するエストロゲンは、豊かなバストと丸いヒップ、細いウエストを、男子に分泌するテストステロンは、広い胸郭と筋肉、女性を夢中にさせる「甘く響く声」をくれる。

将来、男女とも、これらのモテ要素をどれだけ欲しがるか……その観点からも、思春期、生殖ホルモンが加速する夜中に、網膜を無駄に刺激しないほうがいい。18歳を過ぎてからでは、いくら悔やんでも取り返しがつかない。

「夜中」って何時？

夜中のゲームはヤバい、と、子どもに告げたとき、きっと多くの親が「夜中って何時？」と聞かれるに違いない。なので、定義しておくね。

その目安は、10時だ。

というのも、夜10時は、メラトニン分泌が加速しだすと言われている時間だから。メラトニンは、前述の通り、「網膜が強い光刺激を受けていないこと」を前提に分泌されるホルモンである。「せっかく分泌加速する時間に、網膜を刺激しないで、お願いだから」ってことね。

後で述べるが、朝起きた時刻から15時間後、自然にメラトニン分泌が始まる。6時に起きた子なら、夜9時くらい、ということになる。ここからは、いつでも、眠ろうと思えば眠れる態勢に入るのだが、夜10時をすぎると、さらに入眠効果が加速する傾向にある。ここを逃さないためのタイムリミット、それが10時だ。

理想的には9時から、それが無理でも10時には、ゲームに興じたり、携帯端末の画面を凝視したりすることはやめてほしい。本を読んだり、勉強をするのはいいとして。

本を読む程度の視覚刺激なら、眠れなくなるということはないのだが、ゲームやスマホとなるとそういうわけにはいかない。というのも、「高輝度、高解像度の画面」をくるくるスクロールさせながら見る、という行為に、まだ人類の脳は慣れていない。ゲームやS

NSの刺激的な動画たちは、視覚刺激が半端ないのである。

ゲームに興じた後、ベッドに入る。たとえ、本人がすぐに眠りに落ちたとしても、視神経の興奮状態はなかなか抜けない。このため、脳は、すぐには知識工場に変わらない。1時間ほどもロスすると言われている。

ただでさえ、やること満載の中学生である。眠りが重要だとわかってても、そう長くは眠らせてやれない。何とか眠りの時間を確保してやりたい……そんな綱渡りの中、一時間もロスするって、ほんと「どういうこと⁉（怒）」である。

とはいえ、時間を忘れてゲームに興じたい日もあるよねぇ。何かに夢中になることは、脳の学習能力を高めるエクササイズでもある。その一つがゲームだというのなら、まぁときには、その日の身長の伸びをあきらめたっていいのでは？と、私は思う。

たった3年といえども、長い道のりである。親子の脳のストレスを上手に逃しながら、共に歩んでいけばいい。

ちなみに、映画やドラマを観ることと、パソコンで作業をすることに関しては、グレーゾーンだ。日常を描いたドラマの場合、ゲームやSNS動画のスクロールビューと違って、場面の展開がゆるやかで、輝度も低く、色数も少ない。パソコンでワードを使う場合には、動きも色もほとんどない。

というわけで、コンテンツにもよるし、視神経の興奮しやすさは個人差もあるので、大人の場合は、「眠りの質に不満がなければ、してもいいいんじゃない？」というふうに、私はアドバイスしている。

ただし、若い脳は視神経が鋭敏だし、思春期は、リスクがあったときに取り返しがつかないので、やっぱり、やめておいたほうがいいと思う。息子には、そうしてもらった。

中学生男子は「ぼんやりで肉好き」

骨がぐんぐん伸びるとき、その材料であるたんぱく質、カルシウム、鉄分が大量に使われる。

骨に必要な栄養素＝たんぱく質、カルシウム、鉄分は、肉・乳製品・卵に多く含まれる。

中学生男子の肉好きは、誰もが認めるところだろうけど（のちに長身になった息子が三人いた叔母はキロ単位で買ってたっけ）、さもありなん、である。

鉄分は、脳に酸素を送る大事な栄養素なので、骨に取られると、当然ぼんやりして、眠くなる。中学生の脳が、ぼんやりしてて、寝ても寝ても寝足りないのは、身長を伸ばすことのバーター（引き換え）でもあるのだ。

ぼんやりを止めるには、鉄分を摂取させなければならない。それも、動物性のそれ。そう、肉である。中でも、豚レバーはダントツ。

肉食文化の韓国の男の子たちは、体格が本当にしっかりしている。韓流スターたちは、のきなみ180センチ越えのしなやかな筋肉質。けど、スターたちばかりじゃない。何年か前、仕事で済州島に行ったとき、韓国はちょうど修学旅行シーズンで、済州島が高校生であふれかえっていたけど、日本の高校生との、平均的な体格の違いは歴然だった。身長だけじゃない。胸板が厚くて、肩幅が広い。

私の親友で、バイタル・アナリスト《生体情報をつぶさに分析して、綿密な食事指導をしてくれる栄養学のスーパー・スペシャリスト》の佐藤智春《ちはる》さんによれば、韓国の食生活は、とても理にかなっているらしい。

男子の母たるもの（男子に負けない身体で生きる21世紀女子の母も）、やはり食事は、万全の態勢で臨みたい。

中高生の食事について詳しいことを知りたかったら、佐藤智春の『中高生の身長を伸ばす7つの習慣』（主婦の友社）をお勧めする。

たまごは完全脳食

詳しいことは専門家に任せるとして、ここで、私からアドバイスできることは、ざっくりとしたコツ。肉とたまご、思ったよりも多く食べさせたほうがいいよ、ってこと。

特にたまごは、手軽で、コスト・パフォーマンス（値段に対する栄養価）がめちゃくちゃいい。しかも、たまごは完全脳食。脳が必要としているビタミンB群、アミノ酸、コレステロールの宝庫なのである。

脳育てに不可欠な脳内ホルモン《脳を活性化するセロトニン、脳を鎮静化するメラトニン、好奇心を作り出すドーパミン、集中力を作り出すノルアドレナリン》の材料は、ビタミンB群とアミノ酸。

それらのホルモンによって起こった脳神経信号を、到達地点まで減衰させずに届けるためにはコレステロールがいる。神経軸索の絶縁体（信号の減衰を防ぐ物質）がコレステロールでできているからだ。

実に、脳の6割が脂でできていて、その半分がコレステロール。この数字だけでも、成長期に、脂肪カット、コレステロール0のダイエットが、いかにナンセンスかがわかってもらえると思う。

さらに、女子にとっては、女性ホルモン・エストロゲンの材料でもあるので、思春期にコレステロールが著しく不足してしまうと、将来の生殖能力に関わることがある。

たまごの食べ方、3つのブレイン・ポイント

①朝ごはんには、必ず、たまごを食べてほしい。脳の目覚めを加速させるために。

② 夕方の小腹、部活や塾の前にも、ひとつ食べると効果的。脳が疲れて失速しないように。
③ そして、夜食にもぜひ、たまごスープを。眠っている間に、脳がうまく進化するように。

もちろん、そのほかに、お弁当に入れてもいい、夕飯のおかずに使ってもいい。

「え、卵は1日1個まででしょ？」と思った読者の方。

その噂に、根拠はない。前述の佐藤智春さんによれば、いくら調べても、この都市伝説の出どころは見つからなかったという。そもそも、「1日2個以上食べたらどうなるか」の説明も、正式にはどこにもない。

わが家は、彼女の指導のもと、卵を積極的に食べるようになって11年目になるが、いたって健康である。夫はメンタルダウンから立ち直ったし、私は、薄かった髪が復活して、ショートカットを楽しめるようになった。まぁ、すべてがたまごのせいとは言わないが、血管年齢も若く、「1日1個までじゃないこと」の弊害は、今のところ、見当たらない。

脳活性スープの作り方

たまごスープは、もちろん、夜食以外に飲んでもいい。

かつおやトビウオ（あご）などの動物性のだしは、脳内ホルモンの材料であるトリプトファンというアミノ酸を多く含んでいるのだそうだ。脳科学者の中には、だし汁をお茶代わりに飲む、という方もいるくらい。なので、これを利用する。

作り方はいたって簡単。一人分なら、カップに溶いた生たまごの上から、熱々のだし汁を注ぐだけで、脳活性スープのできあがり。

私は家族の分も作るので鍋を使うが、それでも簡単。あごだしパックを熱湯の中で2分ほど煮たて、少々の塩を投入して、卵を溶き入れるだけ。

ちなみに、ビタミンBは、ナトリウム依存で血中を運ばれて、脳に届けられる。ナトリウムは塩の主成分で、脳のためには、塩も必要なわけだ。血管に問題がある老人でもないのに、ただ身体にいいというだけで、なんとなくコレステロール0、減塩を目指しちゃってませんか？　もちろん過剰はよくないが、不足しても脳によくない、と覚えておこう。

美人のスープ

あるとき、仕事でご一緒した台湾出身のモデルの方に、夜食のたまごスープの話をしたら、「あ〜、おばあちゃんのスープ！」と微笑んだ。おばあちゃんが、「美人になるために」と、毎晩寝る前に、彼女にたまごスープを飲ませてくれたそうだ。

彼女の「おばあちゃんのスープ」はチキンスープだそうで、ごま油やラー油をたらしてくれたそう。ということは、コラーゲンにコレステロールにアミノ酸。艶肌の材料である。コレステロールは、女性ホルモン・エストロゲンの材料でもあるしね。

どちらのスープも、脳と身体に効く。何なら、味噌汁でも、他のスープでもいい。「スープはめんどくさい。ゆでたまごがいい」というのなら、もちろん、それでもかまわない。気軽にたまごライフ、お楽しみください。

「早起き」は、上質な眠りを作り出す

さて、話をぐるっと戻そう。

睡眠について、である。ここからは、睡眠の質を上げるコツについて、話そうと思う。

その一つ目は「早起き」。実は、眠りの質を上げる最大のコツは、「早起き」なのである。

復習になるけど、以下をもう一度、腹に落としてほしい。

脳を眠りに誘うのは、脳内ホルモン・メラトニン。

脳に爽やかな寝覚めをもたらすのは、脳内ホルモン（神経伝達物質）・セロトニン。

このふたつが、脳に交互に分泌されることで、私たちの脳は、滞りなく動き、進化をし続けている。

セロトニンは、メラトニンの前駆体でもある。つまり、セロトニンを材料にして、メラトニン生成が開始されるのだ。

朝セロトニンが増量し始めた時刻から15時間後、自然にメラトニンが増量し始めると言われている。6時に目覚めた子は、9時を過ぎたら、自然に眠りにつける態勢に入る。ゆっくりと脳が沈静化し、ベッドに入ればすとんと眠りに落ちて、脳はきっぱりと〝知識工場〟に変わる。

このサイクルをうまく利用すれば、最高の眠り、すなわち、最高の知識体系を手に入れるわけだ。

理想の時間割

理想を言えば、「9時に入浴して、後は心穏やかに勉強するか本を読み、10時に就寝、6時に起床」を、熱烈おススメする。この8時間睡眠は、最も効果的。脳は、「10時から2時の間にメラトニン分泌を加速させ、2時の分泌量を、朝6時までキープする」傾向があるからだ。

とはいえ、さすがに、こんな理想の暮らしができる中学生、今どき少ないかも。なので、できるときはして、できないときは、なるだけこれに近づける、でいいと思う。

なお、睡眠を2時間削るとしたら、12時に寝て6時に起きるより、11時に寝て5時に起きるほうが、メラトニン分泌量は多くなるはず。ただ、「やるべきことが終わらないと、安心して眠れない」という律儀な人は、12時に寝て6時のほうがいいかも。この辺りは、親子で戦略を練ってください。

「バスタブに浸かる」は意外に大事

さて、睡眠の質を上げるコツを、もう一つ。

それは、バスタブに浸かること。

バスタブに浸かると、体表面の温度が一気に上がる。これにより、脳は危険を感じる。脳内や体内の深部温度が40度を超えると、正常に機能できなくなるからだ。このため、体表面の温度が40度を超えたとき、脳は、あらかじめ、深部温度を下げて、危機回避を試みるのである。

脳内深部温度が下がると、脳神経信号が沈静化して、副交感神経に切り替わる。そうして、メラトニン分泌もさらに加速していく。

そう、お風呂に入ると、頭が冷えて気持ちが落ち着き、メラトニンが強化される。その上、手足が温かいので、筋肉がほぐれて、気持ちよく眠れる。昔から言う「頭寒足熱」。

理想の時間帯には、個人差があるので、自分で「一番いい入浴時間」を探してほしい。熱がりの人は、あまり直前だと寝にくいし、冷え性の人は、あまり間を空けると手足が冷えて眠れなくなるからね。就寝する1時間から1時間半前が目安ではある。

「早起き」の奇跡

さて、セロトニンには、他にも役割がある。

セロトニンは、別名「幸福ホルモン」とも「天然の抗うつ剤」とも呼ばれている。穏やかな充足感を創り出し、「しみじみしやすい」状態に導いてくれるからだ。子どもたちに、情緒の安定した、好奇心にあふれた一日を提供してくれるのである。

さらに、この「しみじみしやすい」状態は、脳に奇跡を起こす。

脳は、眠っている間に、「体験を何度も再生し、記憶を定着させるとともに、センスを創り出す」と言ったけど、起きている時間と眠っている時間、どちらが長い？　そう、起きている時間である。つまり、脳は、起きている間の出来事をすべて知識に変えることはできないのだ。そうするには時間が足りない。

そこで、脳は、起きている間に「今夜、知識に変える体験」を決めるのである。それは、心が動いたとき。

たとえば、学校で、「田」という字を習った子が、「あ、おじいちゃんちの田んぼにそっくり」と気づいて、しみじみしたとき、脳には「今夜、ここ、よろしくね」フラグが立てられる。その子は、夜中にその記憶を再生して、きっと、漢字の面白さに出会うに違いない。

イライラして気持ちが乱高下した挙句、キレたり泣いたりすることは、感情的ではあるものの、「心が動いた」とは言わない。心はずっとストレスフルで、一つの方向に向かっているだけなので。

セロトニン型の穏やかな感動こそが、脳に、インスピレーションの信号を起こすのである。そのとき、「今夜、ここよろしくね」というフラグが立つ。そして、眠りの中で記憶を再生するとき、このフラグの場所までとばしてしまうのである。ＤＶＤ動画のサーチポイントのようなものだ。

メラトニンによって、夜の知識工場が開かれるわけだけど、その知識工場に材料を送り込むのは、セロトニンの役目だってことだ。

セロトニン、大活躍である。

朝セロトニンを充てんした脳は、寝るまでに獲得するサーチポイントの数が多い。眠っている間に構築される知識の量が多い、ということになる。

一日中、情緒が安定していて、ちょっとしたことにもしみじみできる脳。夜作られる知識の量が圧倒的な脳。つまり、性格もよくて、頭もいい子。

なんと、「早起き」は、性格も成績もよくしてくれる、ありがたい子育てポイントだったのである。

今さらながらの「早寝・早起き・朝ごはん」

古典的な生活習慣＝「早寝・早起き」は、脳の成長に欠かせない金言であった（脳科学的には「早起き・早寝」でワンセットだけど）。

なお、成長期の子どもたちは、「朝ごはん」も大事にしないと、脳がぎくしゃくしてしまう。「早起き」と「早寝」でせっかく脳のリズムを作り出しても、朝ごはんを抜いたり、糖質過多の朝ごはんを食べることによって台無しになるからだ。

そんなわけで、「早寝・早起き・朝ごはん」は、脳育ての基本であり、脳を仕上げる思春期の脳にも、最重要項目と言っていい。

「えーっ、何を今さら、早寝・早起き・朝ごはん？　『思春期のトリセツ』と銘打って、ここまで読ませといて、それ⁉」と思った方、きっといるだろうなぁ。

私でさえ、そう思ったもの。

思い返せば、息子をかいなに抱いて3か月目、人工知能エンジニアだった私は、「息子を天才脳に育てよう」と思いついてしまった。ちょうど、ＡＩの学習機能を構築している最中だったので、何とかなるような気がしたのだった。

そこで、生身の脳の学習機能は、どのようなものなのか、どのようにして育まれるのかを追求したあげく、11年め、「早寝・早起き・朝ごはん」にたどり着いたのだった。

『ネズミの嫁入り』の親ネズミになった気分だった。「娘は器量よしだから、世界一の相手に嫁にやろう」と決心した親ネズミが、太陽に会いに行ったら雲に負けると言われ、雲に会いに行ったら風に負けると言われ、風に会いに行ったら壁に負けると言われ、壁に会いに行ったらネズミに負けると言われて、結局ネズミに嫁にやる、あの話。あの話に何の教訓があるんだろうと思っていたけれど、案外、人生にはこういうことって、あったのね。

息子11歳。そんな結論だったら、保育園の先生の言うことを、そのまま聞いていればよかったんじゃん、という話である。

だから、その気持ちうんとわかるが、本当にこれ、思春期においては、意外にも、すごく大事である。鼻で笑いながらも、少しだけ意識してくれたらいいなぁと思う。

ちなみに、幼少期より「早寝、早起き、朝ごはん」が徹底している子と、そうでない子では、14歳の時点で、知能指数が10、偏差値が5違う、と豪語する学者もいる。

かつて、筑波大駒場高校での調査で、「東大現役合格組の子たちの、夜の平均学習時間は2時間以内」と発表されたこともある。超優秀な子どもたちは、意外に寝ているのだ。

脳科学者の中には、「朝ごはんのおかずの数と、偏差値は比例する」と言った人もいる。早寝・早起き・朝ごはん、本当にバカにできない。

と言いながら、今さらの「早寝・早起き・朝ごはん」に、素直に従わない中学生もおおぜいいると思う。それでも、ストレスに思わないでほしい。

この章を読んだら、「ひたすら眠る中高生」に、あまり腹が立たなくなったでしょう？　夕方の爆睡くらい、ゆるしてやってもいいような気になったでしょ？　それだけでも、この章を読んだ甲斐があるというもの。とりあえず、一番取り返しのつかない身長だけは担保できる。

脳の学習効果については、後に猛勉強で、リカバーできる。そりゃ、「思春期に早寝・

早起き・朝ごはん」を順守した脳のようなわけにはいかないけど、別によくない？　偏差値60になるところが55だからといって、人生、そう捨てたもんじゃない。

第4章

思春期の脳に、愛を伝えよう

前に述べたように、子ども脳は、ことばにならない感性情報をまるごと受け止める「感性記憶力」、大人脳は、要領のいい「記号論的な記憶力」を使う。

ということは、子ども脳のうちは、「ことばにしなくても愛が伝わる」が、大人脳になると「やっぱりことば（記号）にしなきゃ、愛は伝わらない」のである。

思春期は、感性記憶力が残っていて、記号論に移行するハイブリッド期。ここで一発、愛を伝えよう。「愛」に関して、感性と記号のどちらも脳に刻印するために。

「愛された記憶」はいつでも取り出せるわけじゃない

子ども脳から大人脳への移行期には、あらためて「ことば」で愛を伝えてあげてほしい。

もちろん、子どもたちの脳の中には、親の「ことばにしない愛」の記憶はたくさんあるだろう。あんなに抱きしめて、背中をさすってやって、添い寝してあげて、美味しいものを食べさせて、一緒に笑って、ここまで育ててきたんだもの。

ただね、それらの「愛」は、大人脳になると検索しにくいのだ。なぜならば、ことば（記号）にしない感性情報としての愛は、他の記憶に付帯されているから。

たとえば、私の「小5の夏休み、おたふく風邪で寝込んだ記憶」の付帯情報として、「父の背に背負われて、夜中に診療所に連れて行ってもらった記憶」が入っていた。そのはるか昔の父の背を思い出したのは、父が亡くなった後だった。おおらかな父が、珍しく心配そうな声を出していたっけ。あらためて、若き日の父が、娘にくれた愛をしみじみ思うことになったが、高校生の私は、「お父さんに愛された記憶なんかない」と思ってたものね。

こういう感性記憶は、ふとしたことから浮かび上がることがある。あの日によく似た風に吹かれたときとか。ところが、「愛」で検索しても出てこない。「私は父に愛されたのだろうか」という自問自答の際には、浮かび上がってこないのだ。

大人脳で生きていくには、ことばが要る。愛は、ことばにしなくても伝わるが、愛を見失いそうになった日に愛の存在を思い出すには、ことばが要るのである。

ついでに言うのもなんだけど、パートナーにもちゃんと、愛や感謝をことばで伝えておいたほうがいい。夫の愛を見失いそうになった日に、そのことばを頼りに妻は帰ってくるんだからね。

愛されない記憶と、愛された記憶は、紙一重

私が父に愛された娘だったことを知った（正確には思い出した）のは、なんと32歳、息子を生んだときである。

私の赤ちゃんのときの写真とうりふたつの孫息子を抱いて、父が「おまえが生まれてきたときを思いだすなぁ。一日中、ずっと眺めていたよ」と言ったのだ。

私は思わず真顔で「お父さん、私のこと、かわいかったの？」と質問してしまった。「そりゃ、そうさ。弟のほうは、二度目だったからか、あんまり覚えていないが、お前のことは本当によく覚えている」と、父は笑顔で答えた。父の私への愛はゆるぎなく、娘がそれを疑っているだなんて、微塵も思っていない笑顔だった。

私のほうは、心底驚いてしまった。

実は、母がことあるごとに、「お父さんは、あなたがお腹の中にいるとき、俺に女の子のような（どんなにかわいがっても人にやることになる）無駄なものは生まれんと言って、男の子の名前しか考えていなかった。私は、お腹の子が女の子だったらどうしよう、って、悲

しかった」という話を聞かせてくれていたのだ。弟が生まれたときには、がっかりするのは嫌だからと、今度は女の子の名前しか考えていなくて、生まれたのが男の子だったので「名前、どうしよう」と大騒ぎになった、という話も。

そのせいで、私はすっかり、父に無駄な子だと思われていると、思い込んだのだった。あんまり驚いたので、母に「お父さんが、赤ちゃんの私がかわいかった、って言ってる」と報告した。そうしたら、「そりゃ、そうよ。お父さん、あなたをうんとかわいがったもの。覚えてるでしょ？　冬はずっと、あなたを浴衣の懐に入れて、足を温めながら、ごはん食べさせたりしてたじゃない」と母。

そうだった。私は、父の懐で育ったのだった。父は、基本、私を叱ることがなかった。大切にしていた碁石の容器に私が足を突っ込んでも、「気持ちいいか？」と笑ってたっけ。碁石は冷たくて、夏は、足を突っ込むとひんやりして気持ちよかったのである。

母に「でも、お父さんは、女の子は無駄だって言ったんだよね？」と畳みかけたら、母は「あ〜その話ね。たしかに生まれる前はそう言ったけど、生まれてからは、手のひら返したみたいにかわいがって、後輩に、持つなら娘だよ、かわいいよ、って言ったりしてた」と、いけしゃあしゃあと言うではないか。

はぁ？　だったら、そこまで言ってよ、って話だ。母は、ひるみもせず、「あなたがお父さんに愛されていることなんか、疑う余地もなかったでしょうに」と笑い飛ばした。

いやいや、わからなかった。記憶というのは恐ろしいもので、「女の子だから疎まれている」と思い込んでいると、弟が優遇された記憶だけが数珠つなぎになって浮かんでくるのだもの。

ところが、「父の懐で育った」ことを思い出したら、父が私にしてくれたさまざまなことをあらためて思い出し、急に私は「父に愛された娘」になってしまった。

必要なのは「愛された記憶」を思い出すきっかけ

思い返してみると、若き日の私は、父の愛にどれだけ支えられて、自尊心を保ってきたかわからない。

私は、男女雇用機会均等法よりも前の入社で、セクハラ受け放題の世代である。ありがたいことにＩＴ系の職場では、男女差別はほとんどなかったのだが、客先は多岐にわたり、ときには「男の職場」に出向くこともあった。「女をよこすなんて、うちの会社をバカにしてるのか」と追い返されたこともあるし（開発チームのリーダーだったのに）、理不尽な処遇も多々あった。なにせ「24時間、働けますか」というＣＭソングがマジだったバブル期、男子たちにも、今ではありえないようなパワハラがたくさんあった時代である。

そんな目に遭う度に、私は父を思った。父ならきっと、私よりも憤慨してくれると信じていたから。父が、私のために憤慨して悪態をつくのを想像しただけで、私は元気が出た。自分を卑下することもなく、明日を信じることができた。なので、実際に言いつけたことはない。

そこまで、父の愛を信じながら、一方で、「父には愛されなかった」と思い込んでいたなんて、なんという矛盾だろう。なのに、父が「お前が生まれてきた日」を口にしてくれたとたんに、あっさり、愛されていたことを思い出すなんて、これまたなんて現金な脳なの。――まぁ、脳なんてそんなものである。

このことは、脳とことばの関係を研究している私に、おおいなる発見と教訓をくれた。

人は愛されたからといって、愛された記憶を、いつでも引き出せるわけじゃない。愛は連想でいくらでも引き出せるが、その「連想」を作り出す、最初のきっかけのことばが必要なのである。

親は、溢れるほどの愛情で子どもを育てているので、当然、子どもに伝わっていると思い込む。たしかに脳には注入されているのだが、脳の深層に沈んで出てこないのでは伝わったことにはならない。

愛の伝え方 母と娘編

愛を伝える。できますか？

母親は、愛を、素直に伝えたらいいと思う。欧米の親子のように、韓国の親子のように、「愛してる」をきちんとことばにするのが本当は理想的だ。

息子や娘に、「あなたは素敵よ。ママの自慢だわ。愛してる」。ハリウッド映画でも、イタリア映画でも、アメリカのホームドラマでも、韓流ドラマでも、北欧ドラマでも、世界中の平均的な母親が口にしている。日本のドラマではあまり見ないけど、日本では、あまり口にしないのだろうか。

私の母は、88歳のとき、しみじみと「愛してる」と言ってくれた。遺言のつもりだったんだと思う。でも、そのことばを聞く前から、母が私を愛してくれていることを疑った日はなかった。

母は、私の二十歳の誕生日に、「これからは親友になろうね」と言ってくれた。そもそも世間の母親に比べて「○○しなさい」という小言の少ない人だったけど、それからは、仲のいい女友達のように、互いに自分に起こった出来事を話して、慰めあったり、歓びあったりするようになった。

そして、ある日、しみじみと私にこう言ってくれた。「あなたが娘で本当に良かった」。

私が息子を生んだときは、溺れるように孫息子を愛してくれた。たまの週末、実家に帰ると、彼が眠った布団をそのまま何日も敷きっぱなしにして、ときどきその匂いを嗅ぐというくらいに。なのに「それでも娘のほうがかわいい。夜泣きしてあなたを困らせると、にくらしいもん」と言ってくれた。

母親だから、そりゃ厄介なこともある。「医者と結婚して」と言い張って、医学生じゃない男友達にひどいことを言ったり、母と知人のトラブルにうっかり「お母さんにも悪いところがある」と言ったら、何日も口を利いてくれなかったり。

まぁ、でも、今思えば、どれもかわいいものだ。ひたすら愛してくれたんだなぁという感慨しかない。90歳になった今も、母は私が大好きだ。電話で、私の声だとわかると、嬉しそうな声で名前を呼んでくれる。花が咲いたような声、と、その度に私は思う。電話の向こうで、花が咲いたように笑う笑顔が見えるようだから。

母は「あなたって、愚図よね」とか「あなたって、こういうところがダメ」のようなネガティブな決めつけをしたことが一度もない。

もちろん、「洗い物の最後に、シンクはしっかり磨くこと」とか「洗濯物の干し方は、こう」とかは厳しく言われたけれど、どんなにうまくできなくても、「あなたって、ダメな子」というふうにまとめたことはなかった。

母の「愛情を感じさせるポイント」をまとめるならば、①「あなたって、○○な子」と決めつけない、②「あなたが娘で本当に良かった」、③「孫がどんなにかわいくても、娘のほうがかわいい」、④電話をかけたときや、実家に帰ったとき、花が咲いたような笑顔や嬉しそうな声をくれる。

実は、大人になるまで、私は①だけで、母の愛情を疑わなかった。毎日家に帰ったら、手作りの料理が待っていて、美しく家が整っていた。洗濯もしてくれて、愚図な私を愚図だと言ったことがない。それ以上、何が要るだろうか。

母と娘は、ともに女性脳の持ち主で、娘はその感性の一部を母親からもらっているので共振しやすい。このため、母親の感情を増幅して受け止める傾向があるので、愛情表現はそれほど大げさでなくても、また頻繁でなくてもいいのではないかしら。母親が娘に愛を伝えるのは、そんなに難しいことじゃない。

娘をネガティブな感情のはけ口にしてはいけない

ただ、逆の注意が必要だ。愛情も伝わりやすいが、憎悪も伝わりやすいからだ。娘の脳は、母親の負の感情も、増幅して受け取る。イライラや憎悪や卑屈な気持ちを娘にぶつけるのは、とても残酷だと思う。

母親が娘に愛を伝える。その極意は、愛を伝えることよりも、娘をネガティブな気持ちのはけ口にしないことではないだろうか。

夫への憎悪を娘に口走ったり、人生へのいら立ちを娘にぶつけたり、思い通りにならない娘を「ダメ」と決めつけたりしないこと。私には娘がいないから、そのことがどんなに難しいかがよくわからない。だけど、メンタルが不安定な女性の多くが、母親の憎悪のはけ口となって苦しんでいるので、そうしてしまう母親も多いのだと思う。

人生が思い通りにならない。家族が期待にこたえてくれない。胸に暗黒の思いがあふれ出る。女なら、誰だってそんな思いの一つやふたつ抱えている。娘がいたら、ついそれを聞いてもらいたくなるのだろうか。女友達に話すように。その気持ちを、どうか自制してほしい。特に思春期の3年間は、子ども脳から大人脳への変容中なので、無防備だし、柔軟すぎる。増幅したネガティブな感情が、脳の深層に入り込んでしまうかもしれない。

娘の父の最重要ミッションは、妻のサポート

「愛の伝え方　父と娘編」は後で述べるが、思春期の娘を持つ父親にとって、一番大事なことは、自分の愛を伝えることもさることながら、母親のサポートである。

夫である人は、娘のために、妻のストレスを強めないこと。どのような夫も、この3年間は、家族を見守らなくてはならない。どのような夫も、この3年間は、妻に優しく共感してやらなければならない。娘を守るために。

そして、イラつく妻を、根気強く守る夫である父親を見て、娘は、「父の中に普遍の愛があること」を感じるのである。その愛が、必要ならば、必ず自分にも向けられることを信じるようになる。やがて、男の愛とはそういうものなのだ、という「男性全般への信頼」も生まれる。

男性不信に陥る女性の多くが、母親から、父親への憎悪を聞いて育っている。拒食症や

過食症といった女性に多いメンタルの病も、両親の夫婦仲の悪さと関連しているという知見もある。

思春期の娘の脳にとって、母親にストレスがないことは、とてもとても重要なことなのだ。

愛の伝え方　母と息子編

韓流ドラマを観ていると、母親は息子への愛情表現を惜しまない。「うちの息子は、なんてハンサムなの？」と頰を撫で、たとえ他人に認められなくても「あなたは、よくやってる」と褒め、「愛してるわ」とはっきりと言う。「生まれ変わって、もう一度、子どもを産むのなら、またあなたを産みたいわ」とか。だから、韓流男子たちは、お母さんを大切にする。切ないほどに。

ちなみに、これらのセリフ、私が幼い息子に降るほど言っていたセリフでもあるので、韓流ドラマを観ていると、「え、なんで、こんなにかぶるの？」と思ってしまう。おそらく、息子を「愛しい憧れの存在」だと思って育てると、このセリフが出てくるのに違いない。

私自身は、息子が生まれた日に、「母も惚れるいい男」に育てようと決心し、すでにしてそうである体で息子に接した。新生児の頃から。彼は、「ハンサムねぇ」「いい子ねぇ」「カッコイイ」「好きよ」「愛してる」「世界中の誰よりも、あなたが素敵」と言われ続けて大人になった。

そういえば、中学のとき、「ハハ（彼は私をこう呼ぶ）はそう言うけど、世の中の女の子たちは、もっと違う顔が好きみたいだよ」って言ってたっけ。「そうなの？　あなたの言う〝世の中〟って狭いわね」と笑ってやった。たしかに一般受けするイケメンじゃないが、局所受けする顔なので、まぁ大丈夫だろうと思っていたら、やたらと彼に惚れ込んでいるおよめちゃんが来てくれた。

およめちゃんは、彼と暮らし始めてから5年、ずーっと変わらぬ情熱で、夫が世界一だと言い続けている。私が「大谷翔平には負ける気がする」って言ったときには、叱り飛ばされたっけ。息子は、自分を誰と較べることなく、飄々と人生を楽しんでいる。

韓流ドラマでは、男の子にとって、母親から憧れと尊敬をもらって育つのは、とても大事なことだと定義されている。男の子たちの自尊心は母親から受け継ぐことになっているので。このため、主人公クラスのイケメンたちの母はみな美しくて聡明で優しい。ヒロインのお母さんは、たいてい、思い込みが激しくて厄介なのに（微笑）。

息子をそうやって育ててみて、私も、その説に賛成である。

人類の男子は、ふられるのが想定内

というのも、せめて母親が、人生のはじめに徹底的に息子を肯定しておいてあげないとかわいそうなのだ。人類の生殖システムは、男子がふられること前提で作られているから。

哺乳類・鳥類・爬虫類は、「オスが、メスにふられ続けて、やっと運命のメスにたどり着く」ことが前提の生殖システムだ。いずれも、メスのほうが、生殖リスクが圧倒的に高い種である。メスは生殖にかける時間が長く、哺乳類の場合は命がけでもある。オスのほうは生殖行為だけなので、メスに比べたらほんの一瞬。多くのメスに遺伝子をばらまくことが可能だ。

となると、メスは、オスを厳選しなければならない。一生に残せる子の数が限られているのに、免疫力の弱い遺伝子や相性の悪い遺伝子をもらっている場合じゃないからね。メスは、体臭や見た目、触った感触などから、オスの遺伝子のようすを見抜いて、すばやく判断し、「あり」か「なし」かを決める。ここで「ない」と感じた異性は、徹底的に嫌う。

テレビやネットで、一生懸命アピールするオス＆つれなくするメス、という構図をご覧になると思う。鳥のそれなんか見ていると、ちょっとオスがかわいそうになるくらいだが、それが自然の摂理だ。

人間だって、そうでしょう？　生殖センスの高い若い女性なら、10人の清潔なイケメンにかわるがわる抱きしめられても、ほとんど気持ち悪いだけだ。「嬉しい一人」が残るかどうか。一方、若くて健康な男性なら、10人の清潔な美女に抱きしめられたら、それなりに嬉しいのではないかしら。

つまり、「異性を取捨選択する感度」が、女性のほうが何倍も高いってこと。ということは、男性の側からは、女性の「あり」か「なし」かはあらかじめ予想できない。だから、アタックしてみるしかないのである。鳥のオスたちが、羽を派手にして、巣を飾って、踊って見せるように。そうして、何人かに一人の、運命の相手に出逢うしかない。

「ハンサムで、高身長で、しなやかな筋肉を持ち、そのうえ頭もいい」という男子は、実は免疫力の高い遺伝子の持ち主なので、女性の支持率はやはり高い。それでも、「ふられるシステム」は免れない。最初に期待させる分、がっかりさせる確率も高いらしく、付き合い始めてから「やっぱりあなたじゃなかった」というふられ方をする。無駄にハンサムだと、付き合いたがる女性の数が多くて、なかなか運命の相手に出逢えない。生殖に関する男女脳差を知ったとき、私は、息子が一般受けするイケメンじゃなくて、よかったなぁとつくづく思った。

さて、そんなわけだから、男子たちは、気をたしかに持たなければね。ふられたぐらいで、自分を卑下しなくていい。

女子の取捨選択は、遺伝子の相性に基づいているので、めちゃくちゃ理不尽だからだ。女の子にふられたから、自分が優秀じゃないと思い込まなくていい。どんな優秀な男子だって、陰でけっこうふられている。

男の子をもったら、このことは、ぜひ伝えてあげてほしい。

ふられたときに正しいのは、「もっといい男になろう」とすることじゃなくて、「もっと自分の個性を際立たせよう」のほうである。「あなただけを愛する女性が、ちゃんと、あなたに気づくように」。

1章で述べた、ローラの母親の名言は、男の子にこそあげたいことばである。

女性脳の異性警戒スイッチは、息子にだけは一生入らない

そして、母親は、徹底的に息子を肯定しよう。彼の良さをことばにして、いつでも脳から引き出せるようにしておいてあげよう。

なにせ、すべての母親が、一生、息子を嫌うことがないのである。


女性の脳には「異性を警戒して排除する」スイッチがある。これが思春期に作動するのである。生殖相性の悪い異性との接触を避けるために、まずは、「すべての異性にイラつく」ようにしておいて、その上で、目の前の異性との「あり」「なし」を決めるのだ。

そうして、「あり」となったら、その相手にだけ警戒スイッチをオフにして、恋に落ちるわけだけど、これって、実は期間限定。生殖に至れない異性に、いつまでもロックオン

してられないし、生殖に至ったら至ったで、脳自体は「別の組合せ」を望むようにもなる。できるだけ多くの遺伝子バリエーションを残したいからね。

つまり、恋には、賞味期限があるのだ。ある日、警戒スイッチが再び入って、恋人の言動にイラつくようになる。「かわいい」と思っていた寝起きの顔が、だらしなく見えてくる。「優しい」と思っていた彼が、優柔不断に見えてくる。「頼もしい」と思っていた彼が、強引に見えてくる。必ず、そんなときがやってくる。一応の目安は3年だけど、もっと短い女性もいる。

ちなみに、動物生態学で男女関係を読み解く竹内久美子先生によれば、「動物のメスは、今の生殖相手よりも免疫力の高いオスにしか発情しない」のだそうで、周囲より圧倒的に免疫力の高いオスならば、相手の恋の賞味期限は、なかなかやってこないようだ。それでも、加齢という抗えないファクターがある。年を取れば、残念ながら、免疫力が下がってくる。つまり、永遠の恋はないってわけ。

男女は、恋に夢中なうちに、ちゃんと友情も紡いでおかなくてはね。思い返せば、37年前、私たちの結婚式のとき、教会の神父さんが「夫婦は、できるだけ早く、親友になりなさい」とアドバイスしてくれたけど、あれは動物界の真実だったのね。

さて、その警戒スイッチ、自分で産んだ息子にだけは、一生入らないという。夫と息子が同じことをしても、夫には目から火が出るほど腹が立つのに、息子には腹が立たないってこと、あるでしょう？

母親だけが、一生息子の味方をしてやれる

昔、ある芸人さんが「女はよく、あんたは変わったというけど、母親は50歳になる俺に、あんたは小さな頃からちっとも変わらん、と言う。どっちなん？」と発言したことがあったけど、あれは、真実を言い当てている。恋人は、賞味期限が切れたとき、「あんたは変わった」と言う。変わったのは、自分の脳なのに。母親の脳は変わらないから、「あんたは変わらん」と言う。

そりゃ、思春期の扱いにくいときには、多少イラつくかもしれないが、母親こそが、一生、変わらず息子の味方をしてやれる唯一の女性なのである。私たちが、息子に愛を伝えなかったら、かわいそうすぎない？

とはいえ、「ハンサム」「素敵」「愛してる」のようなセリフ、いきなり言うのはひるむよねぇ。赤ちゃんのうちから言っていると、恥ずかしくもなく、一生言っていられるのだが、ある程度大きくなってから突然言うのは難しい。ましてや、相手が思春期の息子だと、向こうもビビって、気持ち悪がる可能性が高い。

けど、運動会や旅行の写真を見ながら、「案外、凛々しい顔してるのね」「走る姿が、誰よりもカッコイイじゃん」みたいに言えないだろうか。まずは写真から。

生まれてきてくれて、ありがとう

そして、誕生日に、生まれてきてくれたことを感謝する。「あなたみたいな息子がいて、嬉しいなぁ。生まれてきてくれて、本当にありがとうね」と。

感謝のことばなら、愛の告白より言いやすいでしょう？　それに、「生まれてきてくれたことへの感謝」は、存在をまるごと祝福することばで、愛のことばに匹敵する。「愛してる」と言わなくても、愛は伝わる。

ただし、このセリフを言うときは、息子の長所（ほかの誰にも負けないところ）をちゃんと意識しておこう。

私は、日々溢れるほど愛を伝えていたけれど、思春期にあらためて愛を刻印しておこうと思って、13歳の誕生日にこのセリフを言ったのだが、息子に「なんで？」と返されて、答えに窮してしまった。

母「あなたが息子で、本当によかった。生まれてきてくれて、ありがとうね」
息子「なんで？　かけっこ遅いし、宿題もしないし、プリントも出さないし。なのに、なんで？」
母「え（どうしよう、そのとおりだ）」

ここで答えに窮するのは、あまりにもカッコ悪い。私は、残念ながら、その場では答えが出せず、翌年リベンジした。「あなたは、洞察力がすごい。工夫する力もある。一緒に生きてて、めちゃ面白い。それと、食べ物の味が誰よりもわかる。あれ、カッコイイよ」

愛の伝え方　父と息子編

父親が、息子に言うべきことばは、「よくやった」ではないだろうか。

一人の男として、一人の男を認めるセリフだ。

スポーツでもいい、キャンプでもいい、ものづくりでもいい、もちろん勉強でもいい。父親が得意な分野に息子を招き入れて、息子が頑張ったとき、「よくやった。俺の息子はカッコイイな」と言ってあげてほしい。

「よくやった」は、たとえ成果が出なかったときにも使える。頑張ったけど、試合に勝てなかったとしても、その健闘を称えられる。


そして、思春期のどこかで、「お前が生まれてきた日、父さんは、本当に嬉しかった」と告げてやってほしい。生み出した母親は「生まれてきてくれて、ありがとう」だけど、誕生を受け止めた父親は「嬉しかった」が似合う気がする。

やはり誕生日に、それを言ってやるのが自然だと思う。直接言うのが恥ずかしかったら、メールでもいい。13歳の誕生日が理想的。でもね、14歳でも15歳でも多大な効果があるし、私は32歳で言ってもらっても人生が変わった。子どもがいくつであっても言ってあげてほしい。

兄弟姉妹がいる場合は、「お前が生まれてきた日、父さんは、本当に嬉しかった」は、ふたりきりで言ってやってほしい。まるでふたりの秘密のように。

愛の伝え方　父と娘編

この直前の話題、「お前が生まれてきた日、父さんは、本当に嬉しかった」は、もちろん娘にも言ってやってほしい。いやむしろ、娘のほうがより重要かもしれない。男兄弟がいる娘には特に。

父親は、無意識のうちに娘のほうを甘やかし、息子のほうにより期待をかける傾向がある。このため、息子は「姉（妹）には甘い」と感じ、娘は「兄（弟）だけが大事なんだ」と感じる傾向に。子どもの勝手な思い込みだが、自分にだって心当たりがあるはず。子どもは全員、自分よりも他の兄弟が愛されているように感じて育つものでしょう？

そして、娘の場合でも、「よくやった」を言ってやってほしい。彼女が何かの高い目標に挑戦しているのであれば、その成果にかかわらず。

幸せの保険

そして、娘の場合は、できることならば、やはり「愛」をことばにしてほしい。進学で、就職で、あるいは結婚で、家を離れるそのときに。あるいは二十歳の誕生日に。「おまえを愛してるよ。これからおまえを愛するどの男性よりも。何があっても、そのことを忘れるな」と。

世間の荒波にもまれ、人にないがしろにされる日があっても、「自分はその程度の人間なんだ」と思い込まないために。恋人の冷たいことばに、打ちひしがれる日があっても。「自分は愛されない人間なんだ」と思い込まないために。

息子の男性脳は「成果」で満たされるが、娘の女性脳は「大切な人から大切にされる」ことで満たされる。「成果」を手にしても、大切にされていないと感じる女性は、けっして幸せになれないのである。

その幸せの保険を、父があげよう。何があっても、世界で一番、お前が大切だと伝えよう。

なお、この壮大な愛の告白は、思春期にはまだ早いかもしれない。なにせ「パパうざい」の真っ只中だしね。旅立つ娘の胸にこそ、響くような気がする。

私は、19の春、家を出た。大学の寮に入るために。

父は、その前の晩、正座をして、『惜別の歌』を歌ってくれた。

遠き別れに耐えかねて
この高楼《たかどの》に登るかな
悲しむなかれわが友よ
旅の衣をととのえよ

君がさやけき目のいろも
君くれないのくちびるも
君がみどりの黒髪も
またいつか見んこの別れ
(中央大学　学生歌、島崎藤村『高楼』より詩作)

私は今でも、そのときの父の表情と声を、ありありと思い出せる。懐の中で育てた娘が家を出ていく。おそらく、このまま離れた土地で就職して、独り立ちしていくことを父は知っていたに違いない。その夜の父の悲しみは、私が一人ぼっちでないことの証として、今日まで私を支えてきたのである。

愛が恥ずかしかったら、悲しみでもいい。父が娘を守るために、ぜひ。

男は「愛している」を言いにくい

父親は、日常に「愛してる」を言いにくい。海外の映画や小説でも、父親が直接的な「愛」

を口にするのは、人生の一大事のときだけだ。何かあって、子どもが深く傷ついたとき、自分か子どもの命に別条があったとき、強く心揺さぶられることがあったとき。

理由は、子育て中の男性脳の特徴による。今、目の前にある現実に意識を集中しすぎて「これまでの時間」「今からの時間」をとっさに反芻することがほとんどないからだ。

逆に言えば、子育て中の女性脳は、とっさに「これまでの時間」を反芻し、「これからの時間」を思う癖がある。子どもの寝顔を見ながら、生まれてきてからの日々を思うし（しかも「とっさに」）、よその少し大きな子を見て、自分の子の未来を思う（しかも「とっさに」）。

だから、子どものちょっとしたしぐさに胸がきゅんとし、しみじみできるのである。子どもの卒業式なんて、「生まれてからの愛しい日々」が走馬灯のように駆け巡り、涙、涙なわけだし、私なんて中学の入学式でボロボロ泣いて、思春期の息子に思いっきりドン引きされたっけ（苦笑）。

このように「来し方を思い、行く末を思う」癖がある女性脳は、暮らしの中で、愛が溢れやすい。「愛してる」を口にする習慣さえ身につければ、自然に口をついて出てくるはず。

余談だが、「とっさに過去を反芻する」癖があるから、女性は蒸し返しの天才なのである。目の前のことだけ言えばいいのに、「あなたはあのときも、あのときも」と、過去の罪を蒸し返す。あれは、脳がとっさの癖でやっていること。特に子育て中は、これが強く出る。夫である人は、きっとムカつくだろうけど、これも子育てセンスの一環なので、大目に見てほしい。

年を重ねると涙もろくなる理由

ちなみに、男性脳の「目の前の事実に潔く集中する」力は、男性ホルモン・テストステロンと相関があると言われていて、このホルモンの減衰期に入る48歳くらいから、男性も涙もろくなる。必死に頑張る幼子を見て、つい目頭が熱くなったりね。

そうなると、優しい共感会話の素地が整った合図ともいえる。つまり、思春期の子のパパたちは、案外「共感型対話を始める」適齢期。ここで、子どものために、しっかり共感型対話を身につければ、その後にやってくる「再びの夫婦ふたり暮らし」も怖くなくなる。

共感型対話のコツは、このの ち述べるので、ぜひとも精進してください。

男の会話は「欠点の指摘」から入る

男性脳は、基本、成果主義だ。今、目の前にある現実に強く意識を集中して、ネガティブ要素を瞬時に探し出し、すばやく対応して成果を得るために脳を使っている。これは、狩りや戦いの現場で生き残るためや、家族を危険から守るための脳の使い方で、思春期以降の男性脳の特徴でもある。

このため、会話は、いきなりの「スペック確認」や「問題点の指摘」から入ることが多い。子どもの顔を見れば「宿題やったのか」「学校、どうなんだ?」「シャツのボタンをちゃんと留めなさい」……云々かんぬん。

子どもの発言には、たいてい「欠けている視点」を添えようとする。「○○が欲しい」「あーあれか。△△の機能がよくないぞ」あるいは「おまえにはまだ早い」。「○○ができるようになった」「次は△△だな」。「カラオケ行ってきた〜」「来週から試験だろ」。

子どもだけじゃない。妻にだってそうだ。「京都の桜、観に行きたい」「桜の季節の京都なんて、人ばっかりだぞ」。「このコンサート行かない？」「こんなチケット、取れるのかなぁ」。

家族にしてみれば、「お父さんは、私の話にケチばかりつける」と感じるのだが、優秀な男性脳は、この対応しか頭に浮かばない。

「ケチをつける」は愛の証

なにせ、何万年も、狩りと縄張り争いをしながら進化してきた男性脳である。「目の前の現実から、ただちに問題点を見つけ出して、すばやく動ける」男性だけが子孫を残せてきたのだ。21世紀の男たちが、この機能を発揮したからと言って、煙たがったり、家族の仲間外れにするのは、ちょっとかわいそうな気がする。

だって、「ケチをつける男」は、非常に優秀な男性脳の持ち主であって、何より、ケチをつける相手を守ろうと思っているのである。守るつもりのない相手なら、けっこう優しい会話ができる。その辺の人に「京都の桜、観に行きたいですね」と言われれば、「そうですね。風情が違いますよね」とそつなく言える。

というわけで、男の「ケチをつける」は、愛している証拠であって、威嚇しているわけじゃない、ってこと。男と暮らす、すべての女性は知っておくべきだと思う。愛の迷子にならなくて済むから。

とはいえ、男性のほうも、その会話方式は、家庭にはそぐわないということを知っておこう。

家族との会話は共感で始めよ

じゃあ、何を言えばよかったのかって？　それは、相手の気持ちへの共感である。

「京都の桜、観に行きたい」「うん。本物、観てみたいなぁ。でも、人混みがすごいってよ。子どもが大きくなってから、ふたりで行こうよ」みたいに応えてくれたら、最高なんだけど。

高校生の娘が、来週から期末試験だというのに、「カラオケ、行ってきた～。20曲歌ってやった、いぇいっ」と言ったときも、いきなり「来週から試験だろ。大丈夫なのか」とは言わない。「いいな、青春真っただ中だな」と、嬉しい気持ちをまずは受け止める。どうしても試験のことを言いたかったら、「試験も頑張れよ」と笑顔で言ってやればいい。

でもね、親が「よかったね」と受け止めてしまったら、案外娘のほうから「来週から試験だし、頑張らなきゃね」と言ってきたりするものなのだ。言わなくても、きっと、そう思っている。

試験直前に遊ぶ高校生に、後ろめたさがないわけがない。親がそれを先にいじるから、イラッとしてむっとするわけ。親がいじらなければ、案外自分から言ってくる。

だいたい、「娘と会話が弾まない」という父親のほとんどが、その事態の最初に、「娘の嬉しい気持ちに水をかける」会話をしているのだ。そして、たいていの「その最初」が思春期に起こっている。

家族の会話は、共感で受ける。そう覚悟を決めてしまったほうがいい。

相手が、嬉しい気持ちで言ったことや提案は「いいね」か「わかる」で受ける。悲しい気持ちで言ったことは、「大丈夫?」「つらかったね」「たいへんだったね」「わかるよ、その気持ち」で受ける。

提案を受け入れないときでも「いいね」で受ける

たとえ、提案を受け入れなくても、「いいね」「わかる」「たしかに」「なるほど」で受けてから。

男性は、相手の提案にNOのとき、即座に険しい表情になって、「そのダメな点」を指摘する。家族は敵じゃないんだから、そこまでする必要ある？

子どもの御無体な「○○、ほしい」だって、「そうだよな」「あれ、いいよね」「気持ちはよくわかる」と受け止めてやったって、罰は当たらない。

もちろん、「人道上、ゆるせない」と親が感じたことなら、即座に拒絶し、怒ってもかまわない。日ごろ受け止めてくれている親の怒りなら、子どもの胸にもまっすぐに届く。

「怒り」と「悲しみ」を使い分ける

では、「ピアスの穴、空けたい」「外泊したい」はどうなのか。社会的に見れば、人の道に外れた行為ではないけれど、親としてはゆるせない、そんなとき。

こういう、「ほかのうちではゆるすかもしれないが、私としてはゆるせない」ことを、思春期の子に告げるときは、「悲しい」ということばを使うといい。

「その美しい耳たぶに穴があくなんて、父さん（母さん）は悲しい」

多くの女友達が、羽目を外して、夜遅く帰ったとき、玄関先で悲しそうな顔をして待っていた父に胸を打たれた、と証言している。男子の場合、母親の悲しい顔で、世の道理を知ったという人も多いはず。親の悲しみは、子どもの胸にしみる。

人道上ゆるせないことは、思いっきり怒ればいい。親の怒りに触れて、子どもの背筋が伸びる。ほどなく完成する大人脳に、しっかりとした正義感が根づく。思春期の子は、我を忘れて怒ってくれる親に、愛を感じたりもする。

しかしながら、人道上ではなく個人的にゆるせないことにも同じことをすると、子どもは、「わかってくれない親」というレッテルを貼ってくる。思春期の子は、その区別をちゃんとしているのだ。

親のほうも、それを意識して、怒りと悲しみを使い分けよう。

ネガティブな話の初動は「大丈夫？」

「ひどい目に遭った」「つらかった」「悲しかった」「たいへんだった」「痛かった」——大切な家族や部下が、この手のネガティブな話を始めると、男性脳は、つい問題解決モードに入ってしまい、いきなり「きみも、こうすればよかったんだよ」と切り返しがち。

女性も、夫や子どもには、案外そう切り返しがち。とっさに命を守ってやりたい相手だからだろう。

いつだったか、私がハイヒールで少し足首をひねって「痛い」と声を上げたら、夫がすかさず「もう年なんだから、そんな靴止めたら？」と言ったことがある。私は激怒した。ハイヒールは女の証。夫からそんな「女は終わり」みたいな最後通牒を突きつけられるなんて、そんな侮辱ある？　私の理性は「夫は心配して言っている」と知っていたが、そんなことかまっちゃいられない。「あなたが言うのは、『大丈夫？』でしょ⁉」とこんこんと言ってやったら、それ以降、夫は「痛い」に対しては「大丈夫？」を返してくれるようになった。

今は、「ひどい」「つらい」「たいへん」にも、とにかく初動は「大丈夫？」だからね、を訓練中。

相手が妻であれ、夫であれ、娘であれ、息子であれ、家族が「痛い」「たいへん」を口にしたら、まずは「大丈夫か？」。覚えておいて、絶対に損はない。

カップルを見れば、どの国の人かわかる

ちなみに、「ケンチャナ？（大丈夫？）」は、韓流ドラマで最も多く耳にすることばだ。一回の放送で、何度も聞く。デートシーンでも、男性が女性に何度も言っている。女性がちょっと浮かない顔をしただけでもケンチャナ、ちょっと戸惑っただけでもケンチャナ。そして恋愛ドラマの1クールに一回は、長身のイケメンが、ハイヒールでよろけた女子を、がしっと抱き留めて「ケンチャナ？」と声をかけるシーンが出てくる。本当です。

私の韓国語の先生によると、「韓国はケンチャナの国」なのだそうだ。韓流ドラマを観

ていると、この国の対話は「ぼやき」がベース。誰かのぼやきで会話が始まり、「ケンチャナ？」「ケンチャナ！」で話が着地する。

ちなみに、「ちょっと浮かない顔をしただけでもケンチャナ」を実現するには、女性を見守っていないと無理。そう、韓流男子は、見守りが半端ないのだ。

あるとき、モルディブの空港で、うちのおよめちゃんがこんなことを口にした。「カップルを見れば、韓国人か日本人か中国人かがすぐにわかる」

コロナ禍の2年前、春のモルディブは、東洋人の若いカップルでいっぱいだった。単独で見ると韓国人と日本人の見分けがつかなくても、カップルで見るとたしかに、彼女の言うとおり一目瞭然だった。

韓流カップルは、男性が女性を見守っている。バッグを持ってやり、段差があれば、足元を見て、彼女がこけないか見守り（だから、韓流美女は9センチヒールを履いて歩けるのね）、アイスクリームを食べれば口を拭ってやり、隣に座っていても、彼女の表情を見守っているのがわかる。

中国人カップルは、情熱的だけど、もっと対等な感じ。そして、日本人カップルは、なんだか疲れていて、投げやりな感じ（なにせ旅の終わりで、飛行機は2時間も遅れていた）。

うちのおよめちゃん、ほんっと、こういう気づきがめちゃ鋭い。実は、文章もとてもユーモラスで読みやすく、きっといつか、私の後を継いで、トリセツシリーズの書き手になってくれるのでは？　と思ってる。彼女がデビューしたときには、どうぞ、よろしくお願いします。

子が親を慕う国

「ケンチャナ」を言う習慣がある国だから人を見守るのか、見守る習慣があるから「ケンチャナ」が多いのか。卵が先か、鶏が先か。

いずれにせよ、「見守って、ケンチャナを言う」というのが、韓国の人たちの国民性なのだと思う。恋人同士のみならず、家族間、上司と部下の間でも、それは濃厚に行われている。

その見守りが度を過ぎて、おせっかいになったり、負の感情に転じて、強烈ないじめを生んだりもするわけだけど（私が知っているのはドラマの中のことだけだけど）、イケメンたちの「見守りとケンチャナ」のおかげで、韓流ドラマは、世界中の女性の心をわしづかみにしているのは間違いない。

私は、恥を知る国・日本のシャイな男子も大好きだが、こと家族に関しては、〝見守って「大丈夫？」〟も導入してもらえたらなぁと思う。

なにせ、韓国の家族は、本当に仲がいいもの。思春期にも、親としっかりコミュニケーションしている。このコツは、どう見てもケンチャナ＝「大丈夫？」にある。

「大丈夫？」の次にすること——形容詞の反復

問題解決を急ぎたくなる気持ちは十分わかるけど、「大丈夫？」のあとも、まだ、それは早い。

家という安全な空間で、今日あった「ひどいこと」「悲しかったこと」「つらかったこと」を話す。その目的は脳のストレスの解消である。今目の前に危険が迫っているわけじゃないから、いきなりの問題解決なんて、誰も望んじゃいない。

ここですることは、もちろん共感だ。

そのコツは、相手の言った形容詞の反復である。「たいへんだった」と言ったら「たいへんだったね」、「つらかった」と言ったら「つらかったよね」、「ひどいでしょ」と言ったら「ひどいなぁ」である。

コミュニケーションのコツなんて本当に簡単。相手の脳が望んでいることをしてやればいいだけ。しかも「とっさに」脳が望むことなんて、そう複雑じゃないのである。

なのに、これが本当に困難なのだ。こっちの脳にも、望むことがあるからね。

思春期の女子は「ぐだぐだ」言う

特に、思春期の女の子の「ぐだぐだ」に、親は共感なんかしていられない。父親はもとより、母親にだって難しい。

なぜならば、思春期の女性脳の自我は、人生で一番増大しているからだ。自分に起こった事件が、世界の一大事なのである。前髪をちょっと切りすぎただけで、世界が終わる。学校に行きたくないし、ごはんも食べたくない、くらいの勢いだ。友だちの言った、たいして意味のないことばを、深読みして裏読みして、ひねくれまくったり。

実は、これ、思春期にその分泌量を最大にする女性ホルモンのいたずらだ。妊娠して出産、そして授乳期まで、哺乳類のメスたちは弱者になる。にもかかわらず、子どもと自分の身を守らなければならない。このため、排卵に関わるホルモン・エストロゲンが分泌を始めると、女性脳は自我が増大し、猜疑心《さいぎしん》が深くなる。無事に生殖していくための自然の摂理である。

思春期ほどじゃなくても、この傾向は残る。妻たちも、夫のことばを深読みして裏読みして、ムカつきまくる。まぁ、その話は別の本で語ろう。今は、思春期の話。


こんな娘の「ひどいでしょ?」に、「たしかにひどい」と思えることは、けっこう少ない。「何、バカなこと言ってんの」が関の山。それでも、受け止めなければいけない。そのときのセリフには、「そ」の音を使おう。「そうか」「そうなんだ」「そんなこと、あるんだな」「なんだ、そりゃ」「おー、そうきたか」。

「そ」の語感は、包み込むような優しさと、後腐れのない爽やかさを持っている。言われた側は、優しく慰撫《いぶ》された感じがし、言った側は後腐れがない。

第三者を攻撃する「ひどい」には同調しなくていい

言わずもがなだが、第三者を攻撃する「ひどい」には、もちろん、「ひどい」を返さなくていい。「あの人、ひどいでしょ」のようなケースだ。

「たいへん」「つらい」「痛い」は、本人の感覚に特化したことばなので、本人が「つらい」と言えば、そりゃつらいことなのである。共感してやって、害はない。他人に、「そんなにつらいことじゃないだろう」と決めつける権利もない。

だが、誰かを名指しで言う「ひどい」は第三者の評価を兼ねている。その対象者を非難することになるので、無責任に共感できやしない。

この場合は、「そうか」「そんなこともあるんだな」と、優しくかわすしかない。

特に、仕事仲間もそれは、気をつけて。

女性の「あの人、ひどいですよね？」にうっかり「たしかに、ひどいところもあるね」

なんて相づちを打ってしまうと、後から「黒川さんもひどいって言ってた」と言われてしまうことがあって（ときには「黒川さんがひどいって言ってた」なんて言われたりして）、びっくりすることになる。

ぼやく男は、男性ホルモンが少ない？

ちなみに、13歳以上の男子が、「つらい」「ひどい」と発言するのはやめたほうがいい。女性にモテない。

もちろん「渋滞、ひどいよね」「ロシアはひどいよね」のような、状況描写の「ひどい」はその限りではない。自分を哀れに思って言う「つらい」や、誰かを攻撃する意図で言う「ひどい」のこと。

「これするのはつらい」「○○するなんて、ひどいよ」「あいつは、ひどい奴だな」とぼやく男はカッコ悪い。なぜなら、そこには自己憐憫《れんびん》、ひいては自我の肥大と猜疑心が見られるから。つまり、女性ホルモンの特徴なので、「女々しい」と感じてしまうのだと思う。

そもそも、男性ホルモン・テストステロンの分泌が盛んな脳は、基本、自己憐憫なんか持ちやしない。テストステロンは、根拠のない自信を作り出し、脳を冒険に駆り立てるホルモンだからだ。つまり、ぼやく男は、男性ホルモンの分泌が悪いこと（正確にはその可能性）を周囲の女性に知らせてしまうのである。潜在意識でそれをキャッチした女性たちは、ぼやく男をカッコ悪いと感じる。

だから、思春期以降の息子には、教えてあげたほうがいい。公には、ぼやかないほうがいいよ、と。基本ぼやかない男が、愛する人にだけ、そっとぼやくのがセクシーなのだ。

逆に言えば、私は、女性たちの「つらい」「ひどい」は容認するし、若い女性のそれは、かわいいとさえ思う。なぜなら、母性に基づく、自然の摂理だからだ。

ジェンダーフリーが叫ばれる中、私のこの発言に眉をひそめる人もいるかもしれないけど、人類の生殖方式が変わらない限り、女性脳が自分の身を守るためにすることは、何百年経っても変わらないと思う。「女らしさ」「男らしさ」はやっぱり歴然と存在する。ただし、身体の性別にかかわらず「女らしい人」と「男らしい人」、「どちらも使い分ける人」がいてもいいのである。

ジェンダーフリーは、誰もが生まれつきの身体にかかわらず、どの立場をとってもいいという概念であるべきだと私は思う。この世に「男らしさ」「女らしさ」があってはいけないという話にしてしまうと、脳の本能に矛盾してしまうので、かえってストレスを感じることにもなりかねない。

脳と身体の「女らしさ」「男らしさ」が際立つ思春期の子どもたちに、その「らしさ」を否定することは、私にはできない。「らしさ」は押しつけないけど、自然に醸し出すそれを祝福したい。

息子に、「男に自己憐憫は似合わない。『つらい』『ひどい』を人前で言うと、イケてない男と思われる、男性ホルモンの分泌が悪いと思われて」くらいは伝えてもよいのでは。

男の中の男

自分に「つらい」ということはありません——深く穏やかな声で、まっすぐにそう答えたのは、被災地復興に当たっていた自衛官だった。

東日本大震災に見舞われた2011年の夏、自衛隊が、被災地支援から撤退するときのこと。テレビのワイドショーが、自衛官にインタビューをしていた。アナウンサーに「何が一番つらかったですか」と尋ねられて、自衛官は、先のように答えたのである。

「自分に、つらいということはありません。ただ、何が困難だったかといえば、木の枝に引っかかった衣類や家具などを、一つ一つ、木に足をかけ、よじ登って取り去ったこと。それは、かなりの困難を極めました。しかし、つらいという気持ちはありません」

重機を使えば、自然の景観が損なわれる。美しい東北を残すために、自衛官たちは、自らの身体を駆使して、漂流物の除去作業に従事したのだという。

まだ雪のちらつく頃に着任し、歴史的猛暑を記録した6月を経て解散。最初は水にも浸かり、傷みの激しい遺体を運んだはずだ。

しかし、彼らは、朝食時の放送に際し、水に浸かった遺体処理のような悲惨な回答は口にせず、木の上の衣類を話題にした。その品性と、遺族や視聴者への思いやりにまず胸を打たれた。しかも、彼らは、「つらい」ということばを使わない。自己憐憫の「つらい」ではなく、状況を客観的に表現する「困難」を口にした。

たとえ、この回答が、あらかじめ用意されていた「自衛隊幹部の模範解答」だったとしても、至極困難な状況にありながら、それを受け止めて遂行するだけでも、あまりにも崇高だと思う。

夕方、帰ってきた息子にこの話をしたら、「男の中の男、という発言だね」と唸った。「自分も、これからの人生、そのことばを使わないようにしよう」とも。

その夏、息子は二十歳になった。

あれから11年、たしかに、そのことばを使わない。私とおよめちゃん以外には。外では、ひどい目に遭っても、表情一つ変えない大の男が、ふたりきりのときだけ、「とほほ」顔でそっとこれを言うのは、なかなかチャーミングである。愛する女性に、弱音を吐くのは、これはもうサービスと言っていい。そのギャップが、どれだけ愛しさを作り出すか……そのギャップを作るためにも、いつもは「男らしく」していなきゃね。

わが子が性的マイノリティだとしても

男らしさの話をしたけれど、私は、性的マイノリティを一ミリも否定しない。

たとえば、男性の身体に、女性が優先しがちな回路特性の脳が乗っていること——男性ホルモンの特性と、女性脳型回路の特性のハイブリッド。それは、女性とも男性とも違う第三の感性であって、人類に多様性をもたらしている。

「ニューヨークでは、ボードメンバー（経営陣）にゲイがいなかったら、会社がつぶれると言われている」という話を聞いたこともあるが、さもありなん、である。マイノリティ（大勢でない）ということは、普通でない答えを出せる、ってことだから。新進気鋭のアーティストにゲイが多いと噂される理由もわかる。マスコミで、ゲイが活躍する理由もそれ。彼女に聞けば、「きっと一般常識を打ち破る、痛快な答えをくれる」という期待があり、彼女たちがそれに応えているからだ。

息子や娘が、性的マイノリティだと知ったとき、親がショックを受けるとしたら、「その性嗜好は、間違いだ」と思うからじゃないだろうか。脳の仕組みからしたら、大勢ではないが、間違いではない。むしろ、特別な才能である。

それでも、「生物として、子をなさないことは、間違ってますよね」とおっしゃる方もいるのだが、ハチやアリは、ほとんどの個体が自らの子を持たない。生殖は女王バチに任せて、花から花へ飛び回っている。あれを間違っていると言う？

ヒトの脳を電気系回路装置として見立て、組織をその装置の連携システムと見る私の研究の立場からは、「人類というシステムにおいて、すべての個体が子孫を残すことはない。むしろ、人生コストを、子どもではなく社会に使う者がいたほうが、社会全体の底上げになって、繁栄につながる」のがわかる。

子育ては、人生のコスト（時間・手間・お金・気持ち）を一時期、子どもに使い果たす行為であり、もちろんその価値は十分にあるのだけど、そのコストを子育てではなく社会や自分自身のために使う人も必要なのである。その「余力」が社会を潤滑に回す一助となる。ハチやアリは、そのシステムを大胆に採用しているが、社会的動物である人類にだってそのセンスがあるはず。

したがって、子どもを産まないことを、誰かにとやかく言われる筋合いはない。性的マイノリティであること、そうじゃなくても生殖行為に参加しない意志。すべてが尊重されるべきだと私は思う。

たかだか100年の地球バカンス

人生は、子を持たなかったとて、なんら、無意味にはならない。

「そうそう、社会に貢献してくれればいいよね」ですって？　いや、それすら要らない。愛しいわが子の魂が、この星で遊ぶ100年を手に入れた、と思ってみればいい。私は、息子にも、およめちゃんにも、孫にも、そう思っている。2歳の息子が、ミルクのコップを倒して嬉しそうにしたとき、私は思わず、「ようこそ、地球へ」と声をかけた。そうそう、地球はそういう星。こぼしたミルクが美しい曲線を描いて広がる星。飲んだほうが100倍楽しいけどね、と。

そして、ほんの3か月前に生まれた孫息子は、びっくりするくらい、あのサン＝テグジュペリの『星の王子さま』のイラストにそっくりなのだ。私は、彼を抱くたびに、彼が地球へやってきた奇跡を思う。――この星を十分に楽しんだらいい。人生を、楽しみ尽くしたらいい。願うことは、それだけだ。

たかだか100年の地球バカンス。それをしにやってきたわが子の魂に、「世間の正しさ」

を押し付けて、叱ったり、排除したりする必要がある？

人の子の親となったら、一度は、子どもにLGBTであることを告げられる瞬間を、脳内でシミュレーションしておこう。あわてず騒がず「そうなんだ」と自然に受け止められるように。まるで、食べ物の好みでも聞いたかのようなおおらかさで。そして、「いろいろたいへんだろうけど、人生を楽しんでほしい」と伝えてあげられたら、素敵だと思う。

性教育、どうする？

性教育って難しい、と感じている人は多いのではないかしら。思春期で、親子関係の雲行きもあやしい娘や息子に、こんなきわどい「人生の秘密」を話さなきゃならないなんて。

まぁでも、ほとんどの子は、男女の生殖行為については、親からではなく、よそからの情報で知るのだと思う。最近では、インターネットの情報もあるし、学校の導入教育も、いろいろ工夫されているようだし。

とはいえ、子どもを導く者として、知らんぷりもできない。

息子が中学2年のときだったか、息子の同級生の男の子のママが「あの子がパソコン使ったあと、検索履歴にエッチな画像が残ってた。もうそんな齢なのね」と言ったのをうけて、「そうだ、そろそろセックスの話、しとかなきゃ」と思いついた。

で、家に帰って息子に「赤ちゃんって、どうしてできるか知ってる？」って尋ねてみたのだ。すると、「知ってるよ」とあっさり。「え、ほんとに？　男子のあそこと、女子のあそこが……みたいな話よ」と追い打ちをかけたら、「うん、知ってるから、大丈夫」。「あ、そうなの」と、間抜けな返事をして、あっさり、コアな話は終了した。

命がけで守りたい人とだけ

そこで、私は、こう続けた。

「好きな人ができて、その人に触れたくなるよね。手を握って、抱きしめて、キスをして……そんな幸せな流れの先にセックスはある。でもセックスだけは、他のこととは別なの。赤ちゃんができる行為だから。

赤ちゃんが出来たら、女の人は、産んでも産まなくても、身体を痛める。とてもとてもたいへんなことなのね。だから、赤ちゃんができたら、ぜんぶ、彼女の言うとおりにして。赤ちゃんを産みたいと言ったら、あなたの人生をかけて、彼女を守らなきゃならない。たとえ、あなたがどんなに若くても。たとえ、彼女をそこまで愛していなかったとしても。

だから、セックスをするってことは、たいへんなことなのよ。命がけで守ってあげたい人とだけしてね」

「それと、命がけで守ってあげたい人だったとしても、その人の身体が成熟していないと、妊娠は、とても危険なことなの。彼女が十分に大人になっていないとだめ。気をつけてあげてほしい」

私の中学生は、「うん」と素直に返事をした。あまりに短い返事だったので、彼が理解したかどうか少し不安だったのだが、十数年経って、それが杞憂《きゆう》だとわかった。

大学院を卒業して、自動車設計の会社に就職し、本採用になった7月。息子は、今のおよめちゃんと同棲を始めた。4月に同棲宣言をしたのに3か月もあったので、「どうせ始めるなら、早くしたら?」と言ったら、「けじめだから」とゆるがなかった。

やがて、彼は私に、「彼女が妊娠しても健康を維持できる身体かどうか、調べてあげたい。

お願いできる？」と相談してきた。「何かあったらかわいそうだから」と。

ああ、と私は気がついた。息子は、命がけで守りたい人と生きていこうとしてるんだな、と。

わが家に性教育があったとするなら、「男は、セックスした相手に子どもができたら、命がけで守ること。だから、命がけで守ってあげたい相手としかしないこと。彼女の身体が妊娠に適しているかどうかを気にかけること」を伝えただけだった。

でもね、それを伝えなくても、彼は、そうしたに違いない。彼は、そういう男の子だった。幼いころから。

それでも、伝えてよかったと思っている。彼が、命がけで彼女を守ろうとしている、その思いを、私にも素直に委ねてくれたから。「彼女をよろしく」と。あの日の会話があったから、彼は、私を「彼女を守り抜く」相棒にしてくれたのだろう。

キスより抱擁より、もっと近づける方法

ちなみに、私自身は小学生のとき、母から生殖行為について教わった。

母は、嬉しそうに、そのことを教えてくれた。

ある日、「好きな男の子がいる？　その子の近くにいると幸せになる？」と母は私に聞いてきた。私が素直に「うん」と答えると、「もっと大人になったら、好きな人と恋人同士になって、手を握ったり、抱きしめたり、キスをしたりできる。すごく幸せなこと。でもね、男と女には、抱きしめるよりも、もっともっと近づける方法があるの」――そう言って母は、男性器が女性器の中に入ることができることを教えてくれたのだった。愛する男女だけに許された、この世で一番近寄れる方法。私は、そう教えてもらったのだ。今思っても、とても幸せな導入だったと思う。

何も知らない娘や息子に、この行為を説明することになったときの参考までに。

思春期に愛を伝える。それには、ふたつのテーマがある。

ここまで脳に投入してきた「親の愛」を思い出す手段をあげること。

そして、これから子どもたちが出逢う「性愛を含む愛」を祝福すること。

もうすぐ、親の手を離れて旅立つ娘や息子が、世間の悪意に触れても、親の愛のシェルターに包まれていて、傷つくことのないように。
思春期の子の親たちは、けっこう忙しい。

第5章

思春期の脳の、自我をリストラせよ

思春期の脳は、自我が肥大している。自分に起こったことが、世界の一大事である。女の子のそれは特に激しいが、男子も、それを免れない。ただし、自我のありようが違う。女子のそれは、容姿や「愛されているかどうか」を気にすることに表出するが、男子のそれは無駄に強い正義感や執拗《しつよう》なまでに勝ち負けにこだわることに表出する。

いずれも、この時期、その分泌量を最大にする生殖ホルモンのいたずらである。

前章でも述べた通り、女の子は、排卵に関わる女性ホルモンの影響で、自分自身への関心が半端なく強くなり、猜疑心が募る。さまざまなことが気に障り、大人から見れば些細なことが彼女を傷つける。

男の子は、男性ホルモン・テストステロンによって、縄張り意識と闘争心に駆られる。急に強い「ゴール指向」すなわち成果主義にもなる。そう、テストステロンは、男性の性行為をアシストするホルモンであると同時に、男性脳を狩りに駆り立てるホルモンなのだ。「自分の正義」で周囲を攻撃したくなるし、「目指した成果」を手にできないと、自分の存在価値を見失うような気にもなる。

一過性のものなので、親は気にせず、鷹揚《おうよう》に付き合うのも一つの手だが、この時期の「自分にスポットライトを当てる癖」が残ってしまうと、人生がかなりつらくなる。

うまく、自我をリストラしてやりたいものである。

自分にスポットライトを当ててはいけない

この国では、ここ20年ほど、「なりたい自分を思い描く」という職業教育が行われている。

小学生のうちから「将来の夢」をしつこく聞かれ、大学生の就職ガイダンスでも、企業の新人教育でもそれを強要される。「理想の自分」「5年後、10年後の自分」を思い描き、そこに向かって何ができるか考えよ、と。

私は脳科学の立場から、これは危ない、と警告し続けている。理想の自分になるために生きるなんて、危なすぎる。

「理想の自分」で、脳の世界観を描いてしまうと、自分が失敗すれば、世界観が崩壊してしまうのである。日々のちょっとした失敗で、「世界」が終わってしまう。だから失敗を恐れ、好奇心を失っていく。

若者に、なんでそんな残酷なことをするのだろう。

目標とすべきは「理想の自分」じゃない。「社会への貢献」であるべきだ。

1983年、企業人になりたての私には、創成期の人工知能エンジニアとして、「人工知能の実現」という大きな目標が与えられた。のちに、ビジネスコンピュータとしては初の「日本語対話」に成功させて、「ヒトと人工知能の対話」の専門家となったわけだが、その道のりは、挫折に次ぐ挫折、私自身の判断で多くの人を混乱に巻き込んだこともあり、「胸の痛い、取り返しのつかない失敗」ばかりだ。

でも、一瞬もくじけたことはない。目標が大きすぎて、今日の私の失敗なんて、取るに足らない小さなことに思えたからだ。私の脳の世界観は、人工知能が活躍する未来の地球でできていたから。

私たちの世代は、幸せな世代である。若者が、大きな夢を見ることができた。

私は、スティーブ・ジョブズと同世代である。彼が伝説のコンピュータ「アップルⅡ」を生み出して時代の寵児になったのを、リアルタイムで見ている。

20世紀、人類がSFで想像してきたあらゆるマシンが、まだほとんど生み出されていなかったあの時代。人工知能なんて荒唐無稽なことじゃなくても、多くの若者が見る夢が、どのメーカーにも転がっていた。金融もサービス業も医療も、あらゆる業態が大きな変革期にあって、「人の想像していたこと」がガンガンかたちになっていった。

だから、誰も、「なりたい自分を描け」なんて言わなかった。「とにかく走れ。おまえなんて、歯車の一つだ。けど、歯車が一個止まったら、全体が止まるんだぞ」と言われて一人前になっていった。

今の感覚で言えば、パワハラの嵐。でもね、脳の世界観が「自分」でできていないので、失敗しても傷つかないで、走り抜けることができた。

私たちの世代から、今の若者たちに一番伝えたいことは、「自分にスポットライトを当ててはいけない」だ。

夢見る力を手に入れる方法

若者が「自分のことを気にしすぎる」のは、社会の責任である。

国が大きな夢を見て、その国の威信をかけて企業が夢を見て、若者たちが、その夢に駆り立てられて走り出す。やがて、自らの「夢見る力」が目覚める。脳のありようからいえば、本来、そうあるべきだ。明治維新以来、この国は、そうやって、高度成長期を駆け上がってきた。政治家と事業家に不可欠な資質は、「夢見る力」である。

なのに今、この国の、夢見る力が弱っている。上に立つものが夢を見ることが叶わないから、新人に「理想」なんて聞いちゃうのだ。

大人の詭弁にだまされて、「理想の自分」とか「自分にしかできないこと」とかを探す旅に出たら、人生の迷子になってしまう。脳の世界観が、自分でいっぱいになって、失敗を恐れるようになってしまう。

では、大人が夢を見てくれない21世紀に、若者たちは、どうやって、自分にスポットライトを当てず、「夢見る力」を手にすることができるのだろうか。

その方法は、ただ一つ。「好きでたまらないこと」に出逢うことだ。心のスポットライトを、自分以外のものの照射するのである。

「好きでたまらない」が人生を拓く鍵

何よりも若者が探さなきゃいけないのは、「理想の自分」ではなく、「好きでたまらないもの」である。

日夜、そのことを考えずにはいられない。そんな対象物を見つけてほしい。プリンでもいい、音楽でもいい、ダンスでもいい。最初は些細なものでいいし、なんなら一つ一つは長続きしなくたっていい。脳に、「何かを好きになって、日夜そのことを考えずにはいられなくて、何かせずにはいられなくなる」体験を重ねさせればいいのだ。

好奇心の回路は、対象ごとに作られるわけじゃない。一つの回路を使いまわす。だから、プリンで作ったその回路を、仕事にも転用できる。体験を重ねれば重ねるほど、どんどん使いやすくなる。音楽に夢中になって青春時代を過ごし、やがて音楽とは関係ない職業に就いたとしても、その仕事の中に、きっと「好奇心の対象」を見出せて、「好奇心のサイクル」を回せる。与えられた仕事だって、好奇心で走り出せるのである。

脳に、「好きでたまらない」を経験させよ、である。

ちなみに、その「好きでたまらないもの」、身近な人間はＮＧだ。相手がコミュニケーションを交わせる人間だと、「よく思われたい」という気持ちが働いてしまうので、かえって、自我を肥大させてしまう。恋心だけじゃない、「あの人のようになりたい」という憧れも、「この人の役に立ちたい」という尊敬の念でさえ危ない。その人にどう見られるかが気になり、自分にスポットライトが当たってしまいかねない。あ〜、もちろん、恋もすべきだし、憧れも尊敬も素敵な感情だけど、それとは別に「好きでたまらないもの」を持ちなさい、という話。

14歳、「心の旅」の始まり

そして、14歳は、「好きでたまらないもの」発見適齢期の始まりでもある。

感性記憶力の時代の終わりに、脳は「感性のありよう」を定める。ここからは、そう劇的には感性モデルが変わらない。つまり、人は、「14歳の感性」で一生、生きていくことになるのである。成長が止まるというわけじゃない。この感性モデルを基軸にして、豊かな人生が紡がれていく。14歳の瑞々しい感性を、一生持ち続ける、と考えたほうがいい。

そして、14歳以降で、「好きでたまらないもの」を見つけて、好奇心の回路を創りあげると、その回路は一生モノなのだ。感性が確定しているからね。

多くの表現者（アーティストやクリエイターたち）が、「14歳で出会ったものが、今の自分を作った」と口にする。14歳で出逢った音楽、14歳で出逢った風景、14歳で出逢ったことば。たぶん、意識していなくても、多くの脳にそれが起こっているはずだ。14歳でなくても、14歳以降のある日、あるとき。

このような出会いは、必ず偶発的に起こる。脳の「無意識の部分」が、強く外界と反応し合ったときの、「結果の現象」だから。親が戦略的に与えることはできない。「あれ、やってみれば？」「これはどう？」と目の前に並べると、かえって、それらは対象外になってしまう。脳は、自ら見つけたものにしか、好奇心の回路を活性化できないからだ。

だから、かわいい子には旅をさせよ、なのだろう。

実際の旅じゃなくてもいいけれど、親の知らない子どもの時間が必要だし、そのための多少の出費もしてあげていいのでは？　「意味わかんない、そんな無駄なもの」と一蹴せずに。


14歳、感性モデルを完成させて、子どもたちの心の旅が始まる。

そう思って、14歳の子を眺めれば、胸がいっぱいになるでしょう？

14歳の脳が、何に出逢うのか。それが一見、くだらないことのように見えても、それこそが好奇心の回路の始まりなのである。世間が鼻で笑っても、せめて親だけは、彼らの「大人になりたての脳」が、何を面白がるのか、そっと見守って、背中を押してあげたい。

やがて、その好奇心の回路が進化して、世の中を変える原動力になるかもしれない。この世を変えた「夢見る者たち」も、最初はきっと、親から見たら、くだらないことをしていたと思うよ。

「勉強に関係ないことに時間を使わないでほしい」「経済観念を身につけさせなきゃ」なんて思い込みすぎて、「すきのない」「ゆるみのない」「正しい」子育てをしちゃってないだろうか。

本当は、親自身が「無駄なこと」「くだらないこと」「他人にはどうだっていいこと」に没頭しているのが、一番いいんだけど。やってみては？

女性の自己肯定感が低い理由

最近よく、女性から「自己肯定感を手に入れたい。どうしたらいいでしょう」という相談を受ける。

自己肯定感とは、他者の承認がなくても、自分を肯定できる力である。誰に認められなくても、自分を見失わないセンス。最近、よく耳にするけど（若者たちの自我が肥大しているためだろう）、そんなもの、恋する乙女たちにあるわけがない。生殖期間中の女性脳の自己肯定感は低め設定なのだもの。

女性の自己肯定感が低いのは、人類の「子育ての仕組み」のせい。人類の子育て期間は動物界最長である。妊娠期間が10か月、立って歩きだすまで1年、さらに自分で食い扶持を稼げるようになるまで少なくとも15年はかかる。どうしたって単独の子育ては不可能だ。人工栄養のない時代、母親の体調がちょっと悪くなっただけでも、子どもの命がない。

このため、人類の女性たちは本能的に、周囲と関わって、身を守ってもらったり、子育ての知恵を交換したり、おっぱいを融通しあったりする「共感の輪の中」にいなければ、危険だと知っているのである。

どうしたって、周囲の反応が気になるし、自分に好意的であってほしいと願うに決まってるでしょう。周囲の反応に、命がかかっているのだもの。

いい子ちゃん症候群を防止する

思春期、生殖のために、脳が動き出すとき。女の子たちの脳は、自己肯定感が一気に落ちて、人の承認を欲しがるようになる。

このとき、「評価」で褒めると、それに依存してしまうことがある。「成績がいいから褒める」「お行儀がいいから褒める」「かわいいから褒める」――そんな賞賛に味をしめると、「人に褒められる自分」を生きるために、自分の気持ちがわからなくなってしまうのである。「いい子ちゃん症候群」と、私は呼んでいる。

十分、キレイなのに、ダイエットがやめられない。十分、できているのに、自分のささいな欠点までをことさら気にして「あれがダメ」「これができてない」「私なんて」と言い募る。いわゆる自己肯定感が低い、という事態だ。

親の期待に応えてきた女の子ほど、この傾向が強くなる。美人で優等生ほど、見た目や成績を気にして、戦々恐々としてしまう。優越感と劣等感がないまぜになった、苦しい人生を送ることになる。

親は、「いい子」だから、愛しているんじゃない。存在そのものを愛しているんだ、ということを伝えたいものである。

「いい子だから褒める」「いい子でないから不機嫌に接する」のセットで躾をすることは、即座にやめたほうがいい。よくても悪くても、穏やかに傍にいること。本人が嬉しいことは、共に喜んでやってもいいが、「成果」に子どもより有頂天にならないこと、「失敗」に子どもよりがっかりしないことが大事だ。

何かの賞を取ったときにも、もちろん、賞を取ったことは「素晴らしいね」「よかったね」とねぎらうけれども、「でもね、賞を取ったことよりも、これをすることを、あなたが楽しんだことが嬉しい」と、私ならことばを添えると思う。思うと言ったのは、私には娘がいないので、そのチャンスがなかったからだ。

思春期の男性脳は、冒険の準備を始める

一方で、男子には、成果を期待してもいいと思う。

なぜなら、思春期の男子たちは、期待に負けないから。いやむしろ、期待してやらないと暴走するかもしれない。

男性ホルモン・テストステロンは、男性脳に「根拠のない自信」を作り出す。勝算があるわけじゃないのに、勝てるような気がする。朝起きたら、なんとなくいいことが起こりそうな気がする。

テストステロンの分泌最盛期は、14歳から18歳くらいまで。我が家の息子も、そのころ、成績表を見て「こんな偏差値で、どこへ行けるのかしら」と溜め息をついた私に、「大丈夫。ビッグになるから」って、本気で言ってたっけ。

「え、どうやって？　まさか身体のことじゃないよね」と聞き返してしまった母だけど、その晩、しみじみしてしまった。若い男子に、この気持ちがなければ、冒険の旅になんか

出られない。男性脳の使命は、荒野に出ることなんだなぁ、と胸にしみて。

ちょっとしたことにビビッて、母の胸に逃げ込んできた、あのカワイイ幼子が、とうとう、人生の荒野へと旅立つのだ。テストステロンのせいで、理屈っぽくなったり、怒りっぽくなったりしても、ゆるしてあげてもいいよね。

父親が間違えがちなこと

父親である人は、こうして、テストステロンに導かれる青春を過ごしてきたはず。「期待されて、それを誇らしく思う思春期」を過ごしてきたから、娘をも評価しがちなのだ。目標を掲げて、賞讃してやろうとする。娘にそれは酷なのである。男女で、思春期の自己肯定感に大きな差があることを、どうか覚えておいてほしい。

余談だが、男性脳は、テストステロンの減衰期こそ危ない。この根拠のない自信が薄れて、生きる希望がなくなっていくのだから。50歳を過ぎた夫の自己肯定感にこそ、気をつけてあげたい。妻は、いつまでも頼りにして、優しい声をかけてあげないとね。

おわりに　たかだか100年の地球バカンス

かの有名なサン＝テグジュペリの名作『星の王子さま』の中に、王子さまが、5千本の薔薇《ばら》に喧嘩を売るシーンがある。自分の星の、たった1本の薔薇のために。

「もちろん、おれの薔薇だって、ただの通りすがりの人から見ればきみたちに似ているだろう。でもあの薔薇はたった一本でも、きみたちの全員よりも大切なんだ、なぜならおれが水をやったのは、あの薔薇なんだから。おれがガラスの覆いをかぶせてやったのは、あの薔薇なんだから。おれがついたてで風をよけてやったのは、あの薔薇なんだから。おれが毛虫を殺してやったのは、あの薔薇なんだから（中略）。嘆いたり、自慢したり、ときには黙りこんだりしたのを、ずっとおれが聞いていたのは、あの薔薇なんだから。なぜなら、あいつはおれの薔薇なんだから」（菅啓次郎訳、角川文庫『星の王子さま』より）

このセリフを読んで、娘を持つ父たちは、胸がつまるのではないだろうか。まさに、娘を思う、自分の気持ちに似ていて。私たち母親も、もちろん、同じ気持ちだ。相手が息子であっても。

ヒトの脳は、思春期に、子ども脳から大人脳へ変わる。

大人脳は、「比較して、差分を見つけ出す」エンジンだ。記憶を要領よくしまうために、記憶を要領よく引き出すために。必要な変化だが、残念ながら副作用がある。子ども脳は、ありのままに事象を受け止めたが、大人脳は、何かあれば、即座に比較して、差分を明らかにしようとする。このため、12歳までは、他人のことなんて気にすることがなかったのに（親の競争心に巻き込まれない限りは）、13歳からは、自分が「特別でない」ことのすべてが、心に突き刺さる。

そう、あなたの薔薇は、薔薇園に放り込まれるのである。齢13歳にして。

よく似た5千本の薔薇に囲まれて、自分がここに立っている意味さえわからなくなる。

そんな思春期の子に、愛という松明《たいまつ》をあげる。それが、この本のテーマである。

思春期というテーマをいただいたとき、私は、かなり躊躇《ちゅうちょ》した。私は思春期の専門家ではないし、臨床例を持たないので、おこがましいのでは？ と思って。

ただ、私の脳の研究からは、子ども脳と大人脳のはざまにいて、自我の肥大と、他者との比較に苦しむ「思春期の脳」が見えている。私のかいなで眠る、生まれたての孫が、いつかその道を行くのかと思うと胸が痛い。その胸の痛みを本にできたら、黒川伊保子なりの思春期本にできるのでは？ と思い付き、3年越しのラブコールに応えることにした。

根気強く「思春期本、書いて」と言い続けてくださった、小学館の福原智絵さん、木村順治さんに心から感謝申し上げます。

この本は、孫の黒川兒太朗さんに捧げます。13年後、あなたが思春期に突入したとき、家族でもう一度、この本を読むために書いたの。

もちろん、読者のあなたにも捧げます。あなたと、あなたの大切な人に心から伝えたい。

——人生なんて、たかだか100年の地球バカンス。うんと楽しんでいいんだよ。

黒川伊保子

黒川伊保子［くろかわ・いほこ］

1959年、長野県生まれ。人工知能研究者、脳科学コメンテイター、感性アナリスト、随筆家。奈良女子大学理学部物理学科卒業。コンピュータメーカーでAI開発に携わり、脳とことばの研究を始める。1991年に全国の原子力発電所で稼働した、〝世界初〟と言われた日本語対話型コンピュータを開発。また、AI分析の手法を用いて、世界初の語感分析法である「サブリミナル・インプレッション導出法」を開発し、マーケティングの世界に新境地を開拓した感性分析の第一人者。著書に『妻のトリセツ』『夫のトリセツ』（講談社）、『娘のトリセツ』（小学館）、など多数。

編集：木村順治

思春期のトリセツ

二〇二二年　八月六日　初版第一刷発行
二〇二四年　一月十五日　第三刷発行

著者　黒川伊保子
発行人　石川和男
発行所　株式会社小学館
〒一〇一-八〇〇一　東京都千代田区一ツ橋二ノ三ノ一
電話　編集：〇三-三二三〇-五六五一
販売：〇三-五二八一-三五五五

印刷・製本　中央精版印刷株式会社

Printed in Japan ISBN978-4-09-825427-9